中國詩人新論

莫　渝著

現代文學研究叢刊
文史哲出版社印行

國家圖書館出版品預行編目資料

中國詩人新論 / 莫渝著. -- 初版 -- 臺北市：
　文史哲出版社, 民 109.12
　　頁；　公分. --（現代文學研究叢刊；49）
　ISBN 978-986-314-541-7（平裝）

1.新詩 2.詩評

820.9108　　　　　　　　　　　　　109021851

現代文學研究叢刊　49

中 國 詩 人 新 論

著　　者：莫　　　　　　　　渝
出 版 者：文　史　哲　出　版　社
　　　　　http://www.lapen.com.tw
　　　　　e-mail：lapen@ms74.hinet.net
登記證字號：行政院新聞局版臺業字五三三七號
發 行 人：彭　　　正　　　雄
發 行 所：文　史　哲　出　版　社
印 刷 者：文　史　哲　出　版　社
　　　　　臺北市羅斯福路一段七十二巷四號
　　　　　郵政劃撥帳號：一六一八〇一七五
　　　　　電話886-2-23511028・傳真886-2-23965656

實價新臺幣三〇〇元

二〇二〇年（民一〇九）十二月初版

中國詩人新論

目　次

不勝嬌羞的水蓮花

──讀徐志摩的情詩

　　徐志摩的詩文，濃得化不開的嫻熟語詞，和十足投入的感情，一直讓讀者喘不過氣來；抒情詩〈再別康橋〉、〈西伯利亞〉如此，哲理詩〈去罷〉如此，散文〈巴黎的鱗爪〉、〈自剖〉、〈再剖〉、〈想飛〉也如此；讀他的情詩，尤甚。情詩作者執筆時，大都有特定的對象。作者可以坦承，如法國洪薩（1525~1585）的《給海倫的十四行詩集》、拉馬丁（1790~1869）為艾薇˙夏烈夫人寫的〈湖〉、繆塞（1810~1857）給喬治桑（1804~1876）的〈四夜組曲〉；也會出現難言或隱晦，如莎士比亞（1564~1616）的某些十四行詩、李義山（812~858）的〈錦瑟〉詩等。不論何種情況，作者與當事人均不在場的時空下，更能凸顯情詩的永恆和普遍，也因此，代代有人吟詠感應早期的情詩，代代有人創作傳播新的情詩。

　　徐志摩（1897~1931）在 1924 年秋，與陸小曼相識，同年 11 月 23 日，他寫了〈為要尋一顆明星〉，詩裡說「我騎著一匹拐腿的瞎馬……我衝入這黑綿綿的昏夜……為要尋一顆明星……」這裡，「明星」自然是詩人特定的對象，也是這首情詩的專屬。同

年 12 月 30 日，徐志摩寫的〈雪花的快樂〉：「假如我是一朵雪花……那時我憑借我的身輕，貼近她柔波似的心胸……」詩中的「她」，當然還是陸小曼。不過，時至今日，身為讀者的我們，大可不必在乎詩人追求或傾訴的角色是誰，依然可以沉迷在這些討人歡心的優美詩篇之中，而且吟誦再三。徐志摩討人歡心的優美詩篇不少，〈雪花的快樂〉、〈沙揚娜拉〉、〈為要尋一顆明星〉、〈我有一個戀愛〉、〈她是睡著了〉、〈翡冷翠的一夜〉、〈偶然〉、〈珊瑚〉……等，都是膾炙人口之作，短者五行的〈沙揚娜拉〉，最能由此感受到詩人細膩和婉的心思：最是那一低頭的溫柔，像一朵水蓮花不勝涼風的嬌羞，道一聲珍重，道一聲珍重，那一聲珍重裡有蜜甜的憂愁——沙揚娜拉！「沙揚娜拉」是日語「再見」的音譯。印度詩人泰戈爾訪華期間(1924 年 4 月 12 日至 5 月底)，徐志摩負責接待、翻譯；5 月 29 日，陪同泰戈爾到日本東京，7 月離開日本，徐志摩撰〈沙揚娜拉十八首〉，收進 1925 年 8 月詩人自費出版聚珍仿宋版線裝本《志摩的詩》，等到 1928 年 8 月上海新月書店重印《志摩的詩》時，刪除前 17 首(節)，保留第 18 首（節）。〈沙揚娜拉十八首〉的每一首（節）五行的形式相似，第五行均同為「沙揚娜拉！」，因而，前四行所表現的文字與思想相當關鍵。第 18 首（節）的五行，扣除重複的文詞，詩人把思緒全押在第二行的明喻：「一朵水蓮花不勝涼風的嬌羞」。夏日薰風微微地吹拂，露出水面含苞待放的蓮花，顯得無比的嬌柔害羞，花兒不堪「風力」，人兒也承受不了「離情」。異國女子由口唇吐出的細語「沙揚娜拉」，帶著難捨的「蜜甜的憂愁」；而起筆「最是」二字，加深讀者心頭的重壓 —— 捨此別無他求。短短 5 行，把異國女子不忍惜別的神態，與內心的起伏，傳達得唯妙唯肖。藉助歌曲，〈偶然〉是一首琅琅上口的詩歌，

詩（歌詞）也相當優美：我是天空裡的一片雲，偶爾投影在你的波心 —— 你不必訝異，更無須歡喜 —— 在轉瞬間消滅了蹤影。你我相逢在黑夜的海上，你有你的，我有我的，方向；你記得也好，最好你忘記，在這交會時互放的光亮！〈偶然〉一詩寫於 1926 年 5 月中旬，5 月 27 日發表；1928 年，與陸小曼合著的戲劇《卞昆岡》第五幕結尾時，將之納為老瞎子的唱詞，譜成曲子後傳開來。這首詩，文詞明麗爽脆，我你雲波的偶然邂逅，萍水相逢，情誼可長可短，既是緣，也激發了「光亮」；由五行詩句推衍的前後兩節，形式近乎對稱，長短適中，正好作為一段感情的瀟灑收尾。就文詞、結構與形式言，這首〈偶然〉是徐志摩情詩的絕品。跟〈偶然〉形式相近的詩，包括〈丁當 —— 清新〉、〈珊瑚〉、〈呻吟語〉、〈黃鸝〉等，都是由四或五行詩句推衍的短小精簡的兩節詩。〈黃鸝〉一詩前後兩節各五行，末行相同均為「像是春光，火燄，像是熱情。」彷彿就像作者的寫照。〈我等候你〉一詩寫於 1929 年秋，10 月 10 日發表，是徐志摩詩作中較長的一首，總計 79 行，沒有章節段落分隔。詩人等候的是：

　　我守候著你的步履
　　你的笑語，你的臉
　　你的柔軟的髮絲
　　守候著你的一切

　　你這不來於我是致命的一擊

　　為了你，為了你
　　我什麼都甘願

　　作者用連續堆砌的繁瑣意象，一氣呵成，結尾以時鐘「每一次到點的打動」都是「活埋的喪鐘」，凸顯失戀人極力挽回的難過酸痛心理；也可以說，無悔的「癡」——「癡到了真，是無條件的」——使整首詩流露哀婉的等待與盼望。〈我等候你〉一詩是以男子的語氣口吻抒發，長達 400 行的〈愛的靈感〉則以女子的口吻寫成，是徐志摩最長的詩篇，作者編一則曲折動人超時空的故事，闡釋自己的情愛美學：

> ……苦痛是短的
> 是暫時的；快樂是長的
> 愛是不死的

　　表達情詩的主要兩種技法：委婉含蓄和直截舖陳，前者宜短，後者可長，徐志摩的情詩兩者兼具，短詩創作「最是」他迷人的特色之一，能發揮此效用，得力於詩句語詞的節奏和韻腳，產生絕佳的音樂美。這項特點，1925 年第一本詩集《志摩的詩》出版時，朱湘(1904~1933)就給予肯定，他在 1926 年發表〈評徐君《志摩的詩》〉一文說：「徐君是一個詞人……徐君的想像正是古代詞人的那種細膩的想像，徐君詩中的音節也正是詞中的那種和婉的音節。情詩正是徐君的本色行當。」自然，也出現另類的意見，如穆木天（1900~1971）在 1934 年發表的〈徐志摩論——他的思想與藝術〉，引錄別人的話說：「志摩感情之浮，使他不能成為詩人，思想之雜，使他不能成為文人。

　　這裡，「浮」與「雜」應屬道德的指謫。時至今日，似乎沒有誰懷疑徐志摩「詩人」與「文人」的身分了。徐志摩自 1921 年

開始寫詩，到 1931 年搭飛機失事身亡，十年的文學生涯裡，生前
印行三冊詩集：《志摩的詩》、《翡冷翠的一夜》、《猛虎集》，
過世後出版《雲遊》詩集，另有五十來首詩作；1969 年、1983 年，
台、港兩地編印的《徐志摩全集》集錄較全，總計，徐志摩的詩
創作大約 150 首左右，抒情詩佔一半，當中，情詩有 5、60 首。
從這數字看，稱徐志摩為「愛情詩人」當不為過譽。他那由宋詞
走出且廣為流傳的情詩，益增其溫柔儒雅的風采；情詩只是做為
詩人文學家徐志摩的側影，他的抒情詩、社會寫實詩、散文、文
學評介與翻譯等，都值得我們進一步接近、欣賞。

2001.01.01.
　──收進莫渝編《我等候你 ──
　　徐志摩情詩精選》，桂冠圖
　　書，99 文庫，2001.02.。

悲苦孤寂者的耽美行吟

── 于賡虞的詩與散文詩

　　談到法國波德萊爾，不少中國學者與讀者，刻意將《野草》和《巴黎的憂鬱》作連結及比較。其實，真正有波德萊爾風味的，絕不能忽略于賡虞。未讀詩的內容，先看書名：《骷髏上的薔薇》和《魔鬼的舞蹈》，就能想像作者必是波德萊爾近親。

　　說波德萊爾惡魔詩人，是誤會，是誤解。寫〈骸骨耕農〉寫

〈吸血鬼〉就魔鬼了？骸骨耕農還是基督教聖經裡的故事。說《惡之華》頹靡耽美，比惡魔（魔鬼、撒旦）來得貼切。由此，移加于賡虞，同樣貼切！兩人擁抱相似的繆斯！波德萊爾不悲苦孤寂，他是都會的 playboy，是典型的波希米亞性格；于賡虞卻是現實情境的悲苦孤寂者，其詩的內涵同樣投影之。

　　于賡虞（1902～1963），本名舜卿。1902 年 6 月 12 日出生於河南省西平縣。

　　就讀開封師範學校時，1921 年參與學潮運動，遭校方開除。同年進入天津匯文中學高中部，認識評論家趙景琛與詩人劇作家焦菊隱，1923 年 6 月，共同成立新文學社團「綠波社」，引領北京文壇風雲一時。1924 年 4 月，創辦《綠波週報》，8 月底又創辦《綠波季刊》。同年秋，考進燕京大學，隔年秋認識徐志摩。1926 年春，結識聞一多、朱湘、劉夢葦等新月派詩人。《綠波週報》、《綠波季刊》、北京的《晨報副刊》、天津的《新民意報》是于賡虞早期發表詩作的主要園地。1926 年 10 月，出版第一本《晨曦之前》，又陸續出版《骷髏上的薔薇》、《魔鬼的舞蹈》、《孤靈》、至 1934 年的《世紀的臉》。1935 年初秋赴英國倫敦大學研究文學及詩歌。在英期間，翻譯《神曲》、翻譯英詩其七十餘首，寫《英國文學史》及一些論著。1937 年 7 月，自英返國，任河南大學文史系副教授。1940 年離開河南大學回家鄉西平縣養病，同時發起鄉紳捐資籌辦塞寨中學。1941 年，擔任河南印書館總編輯。1942 年轉任教西北大學。1944 年轉任教西北師範學院。抗戰勝利後，1945 年回任河南大學文史系。中共建國後，繼續河南大學的教職，1953 年，因塞寨中學籌建時工程施工發生事故，擔任學校創辦人于賡虞為此官司纏身，被判有期徒刑 10 年，後減刑，於 1959 年提前出獄。1963 年 8 月 14 日病逝於開封家中。另有翻譯詩集《春之歌》、《雪萊詩集》、《世界詩歌選譯》，著述《詩論》、《雪萊的婚姻》、《雪萊的羅曼史》等。

　　于賡虞一生看似平順風光，在中學大學任教，或政府官職，卻波折不斷。文學寫作之始，雖獲前輩平輩友人欣賞，內容倒是少見陽光。他的文學創作活動大約介於 1923 年至 1934 年間，共出版五本書，簡介這五本書創作集：

　　《晨曦之前》，第一本創作集，第一本詩集。卷首詩+詩 30 首+卷末詩，共 32 首。上海北新書局 1926 年 10 月初版，1938 年再版。

　　《骷髏上的薔薇》，第二本創作集，第二本詩集；收詩 35 首，書前有英國詩人布萊克的三行詩為題詞。北京古城書社 1927 年初版。

　　《魔鬼的舞蹈》，第三本創作集，第一本散文詩集，收散文詩 20 首。上海北新書局 1928 年 3 月初版。

　　《孤靈》，第四本創作集，第二本散文詩集。收散文詩 31 首，上海北新書局 1930 年 7 月初版。

　　《世紀的臉》，第五本創作集，第三本詩集。詩人〈序語〉+詩 26 首。上海北新書局 1934 年 6 月初版。

　　于賡虞生前最後一本創作集《世紀的臉》的〈序語〉，是一篇長約 5000 字的自述文，回顧 1923 年引發寫詩興趣之後的歷程。於此，引錄該文前端一段話：「所以，我只

潛心讀著歐美各巨人的作品與傳記，竭力搜求西洋詩論的專著，那時想，縱然不能成為一位詩人，也要將自己訓練成一個懂詩的人。因自己受了社會慘酷的迫害，生活極度的不安，所以，雖然是同樣的草原，同樣的月色，同樣的山水，我把別人對它們歌贊的情調，都抹上了一片暗雲。又因自己始終認為詩是一種藝術，所以在寫詩時，不與流行的寫法相同，不但在文字上有所選擇，而且在形式上亦頗注意整飾，一個孤獨的人與社會流行的風氣相抗，因無絕對的信心，所以免不了懷疑。」這段自述有三個要點：其一、于賡虞詩學教養的學習與養成，來自國外尤其歐美名詩人居多，見諸他的曾計劃完稿的《詩論》乙書，部份篇章如〈抒情詩中獨自的靜境〉、〈詩之創作之力〉、〈詩之藝術〉，都提到歐美詩人。其二、于賡虞自身現實的困境，「抹上了一片暗雲」，因而悲苦孤寂，投射轉為詩作的內涵。其三、于賡虞不論詩或散文詩，講求形式齊一完整，沒有直說呼應新月派聞一多的理論，倒是一貫踏實的形式主義的作業。

在 1923 年踏入詩壇初始，一首〈倘若〉詩這麼說：「淚魔住在我的眼裡」、「悲魔住在我的筆裡」，淚、悲，是生命的暗雲愁霧，形塑了詩的長期主調。第二本詩集《骷髏上的薔薇》裡一首詩〈只我歌頌地獄〉，每節 2 行，共十節 20 行，每行 15 字，是標準的形式主義信奉者與實踐者。這首詩首尾兩節相同：「夜深了，只我在古城之角裡歌頌地獄，／獨啜美酒，低吟詩篇，孤聽淒瀝的夜雨。」可以見證他對形式的追求與用心。這首詩的五、六、七節文字如下：

如今，我這慘寂的地獄已開遍了薔薇，
無夜鶯，杜鵑之音，亦無客人來叩柴扉。

在我的世界我赤足，散髮在徘徊，長吁，
無人知我的天堂即人間悲慘之地獄！

噫，生命之長流枯了，緋麗之花已殘凄，
似不解之春夢將微笑，痛哭付與哀憶！

　　這位悲苦詩人于賡虞，彷彿穿行地獄的但丁，講述人生之苦，
人間無樂。而且是「只」有我在地獄，且歌頌之。

　　于賡虞感情豐潤，文采細膩飽滿，這五部文學創作約有詩（分
行詩）93 首和散文詩 51 首。各引一首賞讀與認識之。

晨曦之前　　于賡虞

凄迷的走去，凄迷的過來，看——
野岸邊寒林的黃葉飄旋在空中，低落在面前；
我的魂，隨它去罷，任你沉淪沙河底，飄流東海間。
這顆輾轉於罪惡的不自由之心
將即炸裂此渺無蹤影的晨曦前。
夜宿荒山古寺間，這是毒冷，椎心的不自然的留戀，
何時呀才能歡浴在那一輪燭天的紅日，你流水與青天？

凄迷的走去，凄迷的過來，看——
野岸邊寒林的黃葉飄旋在空中，低落在面前；
在夜鶯的凄韻中我踟躕墓畔低問枯骨對於生之懷念。
這無人掃吊的白骨間生著一朵惡花

　　── 芳芬，幽麗，桃色的頰面迷誘萬眼。
萬籟死寂的墓野我做著白骨前塵的幻夢，瘋迷哀戰，
苦思的泥淚悄流於青衫，何處呀我的好夢，我的心願？

淒迷的走去，淒迷的過來，看 ──
野岸邊寒林的黃葉飄旋在空中，低落在面前；
有一日罷，火燒了古蹟，毒斃了人類，遺痕散落天邊。
你的陰謀，我的虛偽當如夏日的彩雲
織著剎那的幻夢，慢慢的自滅自散。
有一日罷，往日慘刻惡夢會浮泛鬚眉斑白時的面顏，
回首呀，那罪惡長蛇的血口正是青年靈魂渲染的遺念！

淒迷的走去，淒迷的過來，看 ──
野岸邊寒林的黃葉飄旋在空中，低落在面前；
無歌無戀的空虛之心只是一座冷落的陳死的火山。
歡快與憺心，榮譽與恥辱已如垂危
的病人呼吸緩緩的靜眠於晨曦前。
這生命像冰冷僵屍在陰冷的黑谷任慘暴風雪的摧毀。
何時呀，才能歡浴在那一輪燭天的紅日，你流水與青天？
　　　　　　　　　　　　　　　　　──1925 年 9 月 22 日北京

　　這首詩 1925 年寫，是隔年第一本詩集的書名。原該是平靜清
爽的凌晨，詩人的心情卻是一團淒迷。整首詩共四段，每段 7 行，
且每段前 2 行相同：「淒迷的走去，淒迷的過來，看 ── ／野岸邊
寒林的黃葉飄旋在空中，低落在面前；」，加重「淒迷」的情境與
心境。詩人只注意到枯骨、白骨、惡花、落葉、陰謀、惡夢、冰

冷僵屍等悚人的事象；背景則是荒山古寺、墓畔、火燒了古蹟、陳死的火山及黑谷（黑暗山谷）等。從微明的「晨曦前」到破曉，時間不長，翻個身，即天亮；詩人卻「凄迷的走去，凄迷的過來，」寧可躲入「陰冷的黑谷」，再哀嘆：「何時呀，才能歡浴在那一輪燭天的紅日，你流水與青天？」

魔鬼的舞蹈　　于賡虞

　　這正是偉大的夜之世界！

　　飲宴散了，濃烈的紅酒給我不可捉摸的力量，尚能在生命的國土的劫餘的殘爐中悲哀，回憶，痛哭。

　　不堪言，生命於往日，現在，只是一個飄渺的夢，在魔鬼的舞蹈與歌吟中無痕地逝了！我不能，不堪想像歌舞的慘影：聲韻、步態，只是一片模糊的慘紅與蒼黑的結體。微笑與溫柔變為不忍一視的慘紅，憤怒與慘暴變為刺心慘動的蒼黑：遠了，靈動的生之希望！這一切在今宵的迷醉中，跟蹌中都是毒烈的火箭，射中了已死之心靈。

　　星月冷明，萬有沉於夢境，只我孤零一人臥於海濱之草茵，任自然無忌地摧殘，傷害；任魔鬼無忌地在心頭舞蹈，歌吟。在它跟蹌的步態，朦朧的歌聲裡，泳化紅酒，

紙煙，毒藥於一切希望之宮。呵 ── 昔日金色的蓬髮業已
蒼白，蘋果的面顏業已蒼灰，一切，一切如一龍鍾的老人
── 青春死了，其顏色如枯萎的薔薇上之霧水。

　　毀滅！將生命拋於奇醜的蒼黑的汙池，毒斃於死水，
無須戀戀於痛苦足下之生命，作魔鬼與歌吟之場！嗟呼，
孤魂，沉醉吧，沉醉於微笑，沉醉於死亡，沉醉於輝煌的
宮殿，沉醉於長流的青堤，因是，縱魔鬼歌舞於心峰，髮
上，亦能暫時淪於不能記憶的爛醉 ── 有如死滅，將一切
遺忘。

　　噫，如斯進行著生命之韻
調，永遠，永遠沉於不可捉摸的
夢境。飲宴散了，從毒中我窺見
了這平靜的生命……

　　這正是偉大的夜之世界！

這首詩 1927 年寫，也是隔年第一本
散文詩集的書名。「這正是偉大的夜之世
界！」起筆與結尾同一句，看似歌頌贊
美，細讀內文，全然走樣。「不堪言，生
命於往日，現在，只是一個飄渺的夢，……遠了，靈動的生之希
望！……毒烈的火箭，射中了已死之心靈。」一方是我，另一方
是魔鬼；雙方堅壁對立。「我」孤單的一方，生之希望遠了，心靈
遭火箭射中已死，這是絕望的生命。在海濱之草茵的「我」，了無
生機，極盡地被摧殘，傷害；他方的魔鬼，卻暢懷的舞蹈與歌吟。

「我」，徒嘆：「孤魂，沉醉吧，沉醉於微笑，沉醉於死亡，沉醉於輝煌的宮殿，沉醉於長流的青堤，」而且「永遠，永遠沉於不可捉摸的夢境。」絕望與頹廢充塞在字裡行間，因為「青春死了，其顏色如枯萎的薔薇上之霧水。」

　　于賡虞的詩大體內容悲苦陰鬱，帶著濃厚傷感氣息。詩句長而整齊，因為文采豐厚才情四橫溢。沈從文說于賡虞的詩，大多「表現的是從生存中發出厭倦與幻滅情調」。相知最深的趙景深說：「他的詩陰森沉鬱，常以夜鬼枯骨等為其體材，他嚮往於波德萊爾。」

　　上文粗略估計，于賡虞五部文學創作約有詩（分行詩）93 首和散文詩 51 首。

　　他實際發表未集錄成書的創作數量，約略等同印成書。這些散佚的作品中，有一首散文詩〈放浪者〉，發表於 1932 年 11 月 18 日《河南民國日報副刊‧平沙》第 17 期。這篇跟他的大部份詩文同樣帶夢幻性質。他說「彷彿是在夢境」，影子發聲，全篇是影子與「我」對答，其實，就是自問自答。夢境地，也是地獄，是墓地：「這裡沒有光，幸福者不來！」，「太陽及月亮雖輪流的照我，但我沒取得熱，獲得光，如一行屍我無感無思的走著路！」這樣行屍走路，竟然「經過一世艱苦的流浪。」流浪者，放浪者的最後歸宿是「屍

身上發出來的花朵，那是上帝的意旨，死的美麗。」流浪者，放浪者，都是波希米亞性格。生之花等於屍之花，且是地獄裡美麗的屍之花。

如果說耽美，就是頹廢，就是腐靡。于賡虞的詩，從悲苦主義加入耽美主義及形式主義，塑造了最接近波德萊爾的惡魔（撒旦）主義。

中國學者解志熙潛心研究于賡虞的文學世界，與王文金合作，全力整理編校，出版了上下兩巨冊 85 萬字《于賡虞詩文輯存》（2004 年 9 月）。悲苦的于賡虞地下有知，應該面露微笑，深深感謝這兩位年輕晚輩的知音作業。

2017.10.03.中秋前夕.

《于賡虞詩文輯存》上下冊

耽溺美魂的頹加蕩詩人

── 邵洵美（1906～1968）小論

一、前　言

　　郁達夫（1896～1945）、徐志摩（1897～1931）、戴望舒（1905～1950）、邵洵美（1906～1968）合稱「民國四大才人」。「才人」之譽在：文才、情才、人才；文才豐厚、情戀轟動、風流倜儻。《新月才子》（註 1.）一書敘論十餘位新月才子，邵洵美僅被點名四次。《為了忘卻的紀念：中國最具風格早逝作家的真切追憶》（註 2.）乙書追憶的八位作家，邵洵美不算早逝，未列入。

　　上述四人中，邵洵美看似略遜一籌，其實不然。論身世，邵洵美最顯赫。他的英式詩風，追求唯美，被陳夢家說是「柔美的迷人的春三月的天氣，艷麗如一個應該讚美的艷麗的女人。」（註 3.）百年前 1920 年代的邵洵美與徐志摩，人帥，並譽「詩壇雙璧」。都被認為「美男子」風流人物。周劭說他倆「玉樹臨風，人稱雙璧，洵美似乎比戴眼鏡的志摩更漂

亮一些」（註 4.）。邵洵美與徐志摩相識於巴黎。兩人相知相惜。1928 年邵洵美出版詩集《花一般的罪惡》，徐志摩說：「中國有個新詩人，是一百分的凡爾侖。」（註 5.）。邵洵美為徐志摩、陸小曼作畫幅：一只壺一只杯，題字為：「一個茶壺，一個茶杯，一個志摩，一個小曼」。意為他倆像壺與杯一樣親密，壺不離杯，杯不離壺：

二、生平小傳

　　邵洵美，1906 年 6 月 27 日出生於上海，祖籍浙江省餘姚縣。原名邵雲龍，有時使用「浩文」名字。祖父邵友濂，同治年間舉人，官至一品，曾以首席參贊身份出使俄國，後任湖南巡撫、台灣巡撫。外祖父盛宣懷是晚清洋務運動中堅人物，中國近代的第一代大實業家，富甲一方。邵洵美生父邵恆，曾受盛宣懷賞拔，擔任輪船招商局督辦。但紈絝子弟的本性，沉溺麻將桌、大煙鋪，後因連着三個月未上班，盛宣懷不得不將其免職。邵洵美年幼過繼給伯父邵頤，邵頤前妻為李鴻章嗣女，按譜系，李鴻章算是邵洵美的叔外祖父。

邵洵美妻子盛佩玉，是盛宣懷之孫女，兩者為表姐弟關係。
邵洵美女婿方平（1921～2008），為著名翻譯家。主譯的《莎
士比亞全集》是首套以詩體形式翻譯的莎翁全集。1925 年
初，邵洵
　　美與盛佩玉訂婚後，赴英國留學，進入劍橋大學伊曼紐
爾學院，先起就讀經濟系，後接受導師慕阿德牧師（Arther
Christopher moule）的建議，改學英國文學。暑假期間，邵洵
美前往巴黎習畫，認識留法一群人：謝壽康、徐悲鴻、張道
藩、孫佩蒼、郭有守、江小鶼、蔣碧薇等人，合組「天狗會」，
意即天狗食月。也是在巴黎，邵洵美遇見詩人徐志摩，兩人
成為至交。
　　1926 年 5 月因家裡遭逢變故，邵洵美中止學業，由歐返
國。1927 年，邵洵美與表姐盛佩玉結婚。婚禮在卡爾登飯店
舉行，盛況空前。證婚人是復旦大學創始人馬相伯。他們的
結婚照登在《上海畫報》（1927 年 1 月 21 日）的封面，冠
以「留英文學家邵洵美與盛四公子侄女佩玉女士新婚儷影」，
同時搭配〈美玉婚淵記〉乙文，一場世紀婚禮成為上海灘的
話題。1927 年 4 月，老朋友劉紀文出任南京市長，邀請邵洵
美去當秘書。他只幹了三個月就離開，覺得自己不適合官僚
生活。
　　原本洋場闊少的邵洵美，不想靠祖上餘蔭度日，廣交文
友，希望創闖自己的事業：開書店（出版社）、辦雜誌、創
作。1928 年在上海創「金屋書店」，編印《金屋月刊》，出
版個人第一本詩集《天堂與五月》（稍後整理，重編為《花
一般的罪惡》，1928.05.）、評論集《火與肉》（1928.03.）、
編譯《琵亞詞侶詩畫集》（1929 年）及譯詩集《一朵朵玫瑰》。

1929 年，與章克標創辦時代圖書公司，章克標出任總經理，並主編《十日談》旬刊。1930 年加入「新月社」，擔任新月書店經理。1936 年 4 月上海時代圖書公司出版《詩二十五首》，為後續詩作的結集。

　　在當時上海的文壇，邵洵美有「孟嘗君」或「小孟嘗君」的美譽。他為文藝，為朋友，最有能力也最肯花錢。同為海派作家的施蟄存晚年回顧說：「洵美是個好人，富而不驕，貧而不丐。」（註 6.）。章克標把邵洵美概括為三重人格的人：一是詩人，二是大少爺，三是出版家。他一生在這三個人格中穿梭往來，盤迴反覆，非常忙碌，又有調和（註 7.）。1935 年，美國女作家 Emily Hahn 作為《紐約客》雜誌社的中國通信記者，來到上海。認識邵洵美，交往密切，邵教她抽鴉片，讓她染上阿芙蓉癖，也為她取了「項美麗」的中文名字，兩人且發展一段跨國情史。項美麗曾寫過一本名叫《My Chinese Husband》（《我的中國丈夫》）的書，就是描寫了她與邵洵美的情戀。

　　中華人民共和國成立後，邵洵美仍居留上海，生活不再浮綺。1957 年被控間諜罪入獄，1962 年釋放。1968 年 5 月 5 日貧病中過世。

三、在文學藝術圈裡

　　邵洵美僅有兩本詩集《花一般的罪惡》和《詩二十五首》，約 56 首詩；一本譯詩集《一朵朵玫瑰》及編譯《琵亞詞侶詩畫集》。這三部份的書刊組構了邵洵美耽溺美魂的頹加蕩（頹廢）元素。詩集《詩二十五首》有篇〈自序〉，寫於 1936

年 4 月 1 日，此時，他已完成這些藝文作業，算是自己十五年多的寫詩歷程回顧史。全文約 6000 字，有五項重點：

1.點名徐志摩、聞一多、胡適、柳無忌、朱湘、孫大雨、戴望舒、卞之琳等詩人，對當前（1920、30 年代）詩壇的小論。

2.透露他和新詩關係的密切。他說：「最初的時期尚以為是自己的發現，我寫新詩從沒有受誰的啟示，即連胡適之的《嘗試集》也還是過後才見到的。」又說：「我的寫新詩便幾乎完全由自己發動的：我一方面因為舊體詩翻譯外國詩失敗，一方面因為常讀舊式方言小說而得到了白話的啟示。」最初的寫作行動是「當時是因為在教會學校裡讀到許多外國詩，便用通俗語言來試譯。」

3.比較認真體會寫詩，是動身到歐洲留學時「在意大利的拿波里上了岸，博物院裡一張壁畫的殘片使我驚異於古希臘女詩人莎茀的神魔，輾轉覓到了一部她的全詩的英譯；……我便懷抱了個創造新詩格的癡望，當時寫了不少借用『莎茀格』的詩。」由莎茀認識崇拜她的史文朋。再透過史文朋，接觸了先拉斐爾派的一群以及法國波特萊爾、凡爾侖（魏爾崙）等詩人。

4.肯定十四行詩，及幾位詩人的詩觀，如柯勒立治「詩是最好的字眼在最好的秩序裡」、法國「為藝術而藝術」的詩人高諦藹（葛紀葉）「形式的完美是最大的德行」、英國批評家諦里雅著作《詩的明顯與曲折》。

5.順此，邵洵美建立自己的形式小論，他說：「我覺得一個真正的詩人一定有他自己的『最好的秩序』。」他引錄

高諦藹的話，進一步強化：「形式的完美便是我的詩所追求的目的。」

　　整體言，邵洵美的文學歷程，是從西方歐洲古今文學出發，尤其唯美論的作家作品，再回到中國新詩界。或者說邵洵美是唯美主義的膜拜者，也是形式主義的信奉者。

　　於此，略為補充。他言「在教會學校裡讀到許多外國詩」，指的是邵洵美出國前就讀聖約翰中學，校內教師洋人不少，所授課程除國文外，都採用英文教材，這樣的教育環境，提早接受英語文學。據云，他在五、六歲時即入家塾讀《詩經》，背唐詩。更早，周歲那天，家人端來一隻盛滿各種東西的盤子，有：紅帽子(官)、金鐲子(財)、小喇叭(藝)等，邵洵美伸手卻抓住一支狼毫筆。其祖母說：「唉，小黑是個拿筆桿子的命！」果真應驗了是天生的詩人。邵洵美也如是自許，在〈你以為我是什麼人〉乙詩，說：「你以為我是什麼人？／是個浪子，是個財迷，是個書生，／是個想做官的，或是不怕死的英雄？／你錯了，你全錯了；／我是個天生的詩人。」詩集《花一般的罪惡》裡有首〈Z 的笑〉，是出國前寫給未婚妻盛佩玉的定情詩。

　　邵洵美最初鍾愛的兩位詩人：古希臘女詩人莎茀（女荷馬、愛情詩人、同性戀論者行動者）和英國詩人史文朋，還有為他們各留下一首詩：〈To　Sappho〉和〈To　Swinburne〉。前一首僅 4 行詩：「你這從花牀中醒來的香氣，／也像那處女的明月般裸體──我不見你包著火血的肌膚，／你卻像玫瑰般開在我心裡。」標準的「莎茀格」的詩，詩短卻充滿著女體的香芬與性的暗示。後一首〈To　Swinburne〉，偏幅較長，12 行分三節各四行。邵洵美在此表明他的美學觀，及定

下三人的緊密關係。他說：史文朋「你是莎茀的哥哥我是她的弟弟」，三人排序：史文朋、莎茀居二，洵美老三。三人是「我們像是荒山上的三朵野花，／我們不讓人種在盆裡插在瓶裡；／我們從瀾泥裡來仍向瀾泥裡去，／我們的希望便是永久在瀾泥裡。」耽美主義者捨離凡塵市囂，快樂生活在不食人間煙火的烏托邦，唯愛與美。

　　邵洵美的譯詩集《一朵朵玫瑰》，選譯了莎茀（Sappho，今通譯莎福、薩福、莎孚）、迦多羅斯（Valerius Catullus，今通譯卡圖盧斯）、萬蕾（Paul Verlaine，今通譯保爾・魏爾倫）、高諦藹（Theophile Gautier，今通譯戈蒂葉、葛紀葉）、羅捷梯（兄）（D.G.Rossetti，今通譯羅塞蒂）、羅捷梯（妹）（C.G.Rossetti）、史文朋（A.C.Swinburne，今通譯斯溫勃恩）、哈代（Thomas Hardy）、蒂愛斯黛兒（Sara Teasdale，今通譯薩拉・蒂斯代爾）等歐美古今詩人的作品。當中，蒂愛斯黛兒（Sara Teasdale）為美國女詩人（1884-1933），著有詩集《特洛伊的海倫》（Helen of Troy）、《情歌集》（Love Song）、《火燄與陰影》（Flame and Shadow）等詩集。有「近代莎茀」之美譽。從選集看，邵洵美刻意由「莎孚」開始，以「莎孚」收尾。對「莎孚」情有獨鍾。邵洵美另有莎孚評論。如《希臘女詩聖莎茀》刊登 1929 年 1 月《真善美》雜誌。

　　邵洵美編譯《琵亞詞侶詩畫集》。琵亞詞侶，另譯:比亞茲萊、比亞斯萊、比爾茲利，即英國前拉斐爾派唯美頹廢畫家 Aubrey Beardsley（1872～1898）。Beardsley 比亞茲萊是畫家，有插畫作品。詩畫同源，自然影響文字工作者，比亞茲萊的畫作有世紀末的體現。評論家瓦特克蘭（Water Crane）

認為比亞茲萊「有時傾向於病態……，出現一種中世紀風格的裝飾感，混合著令人不解的、古怪的、關於魔鬼和奇形怪狀的日本精神，宛若從鴉片的迷幻中產生……」。中國在 1920 年代，由田漢、郁達夫、葉靈鳳、章克標、邵洵美等人引進及被影響。葉靈鳳有「中國比亞斯萊」的稱譽。

學者周小儀說：「比爾茲利及其作品所代表的是藝術創造和審美感覺所能達到的極致：優美的曲線、典雅的人物造型、或濃或淡的悲傷情調以及具有東洋色彩的異國風味。他是人類的精神自由和藝術獨立性的最高體現，是海派頹廢作家心目中的偶像。」（註 8.），又說海派頹廢作家包括「郁達夫、葉靈鳳、章克標、邵洵美等人。」（註 9.）。

19 世紀法國三大詩潮：浪漫主義（約 1820-1840）、巴拿斯主義（約 1850-1880）、象徵主義（1885 以後），竟然重現在 1920 年代的中國初期詩壇。

巴拿斯主義 Le Parnasse，先就巴拿斯 Parnasse 解釋：1. 古希臘山名巴拿斯山，為神話中阿波羅和九繆斯（Muse，繆斯、繆思）諸神居住地，是文藝聖山； 2.為 19 世紀中葉法國詩歌的流派巴拿斯派（日本稱高蹈派），主張為藝術而藝術；3. 詩和詩歌的別稱。成為文藝流派，取第二義，是唯美主義的詩學流派。

這三大詩潮投映在 1920、30 年代中國新詩壇，呈現有趣的映現。

學者羅振亞在《中國三十年代現代派詩歌研究》乙書〈新月詩派的巴那斯主義傾向〉說：「其實新月詩派既非純粹的浪漫派，也非嚴格的象徵派，倒有一種從浪漫派向象徵派過渡的「中間」色彩，即巴那斯主義傾向。」（註 10.）他認為

巴那斯主義「它具有藝術至上的傾向，反對浪漫主義直接赤裸的抒情，提倡藝術形式的精巧完美，主張節情和格律，將主觀情思潛隱在唯美形式中」（註11.）。

另位學者許霆說：「如果我們再把視線移到中國 1920年代的詩壇，就會發現一個重要現象，那就是在 1920 年代前期的浪漫詩學和 1930 年代的象徵派、現代派之間，也有一個以理節情的詩派 —— 新月詩派，我們也可以把他稱為中國巴那斯主義。」（註12.）。許霆確認後肯定說：「如果我們再從影響研究看，新月詩人同西方巴拿斯主確有聯繫。」（註13.）。

框引上述文句，為了印證邵洵美的傳承，他接受英國前拉斐爾派與法國巴拿斯派的唯美及象徵派的頹廢，是道地的洗禮者。如名字洵美，既偏愛又投入，從他所接受的學養及周邊文人，塑造了邵洵美唯美頹廢的典型。就這樣，在文學流派系譜，邵洵美被歸入新月派成員，列為唯美頹加蕩詩人及海派作家群。

底下，試著就閱讀兩冊詩集，略談其詩作幾個特點：1.尋美頌美、2.肉慾的裸戀、3.頹廢耽溺的唯性論、4.生之戀。

1.尋美頌美

美，指純美、唯美，也包含美女、美神、尤物（Femme fatale ou charmante）、青春女子，乃至神話裡的仙女、美人。

邵洵美是公認的「洋場闊少」，魯迅曾說：「邵公子有富岳家，有闊太太，用陪嫁錢，做文學資本。」似乎把他看成「紈綺子弟」。這樣的寫照，完全反映在〈Légende de Paris〉（帕里斯的傳奇）這首詩。邵洵美他自許是希臘羅馬神話裡

特洛伊（Troy）王子帕里斯 Paris。神話金蘋果故事中，扮演仲裁者的帕里斯將金蘋果送給美神 Aphrodite（羅馬名：維納斯、維納絲），惱怒了希拉與雅典娜，引爆特洛伊亡國，為美（美女）而殉。邵洵美以帕里斯 Paris 自居，對維納絲說：「啊我底可愛的維納絲，／我把這金蘋果送給你；／你快給我個美人絕世，／這次勝利乃是你底」，美神獲得金蘋果，帕里斯希望得到「但這美人吓（吓＝呀）須要像你，／須要完全的像你自己，／要有善吸吐沫的紅唇；／要有燃燒著愛的肚臍；／／也要有皇陽色的頭髮；／也要有初月的肉肌。／」，除了官能的贊美，他不忘誇獎維納絲，與維納絲同樣欣賞「世上祇有美人能勝利」，結尾不忘詠讚美女：「美人是遮蔽天的雲霞；／美人是浪之母風之姊；／美人是我底靈魂之主」。既說「美人是我底靈魂之主」，也贊為是「我們的皇后」。在〈我們的皇后〉詩中，說：「你這似狼似狐的可愛的婦人，／你已毋庸將你的嘴唇來親吻，／你口齒的芬芳便毒盡了眾生。」還盼皇后「將我們從道德中拯救出來吧。」

　　從尋美贊美到女體官能的肌膚、口齒，道德約束置之一旁，連女人的唾液（口水），邵洵美都能極致美化：「啊可是這同樣一滴香涎，／曾沒沉了十百千萬的宮殿；／文人才子為了她醉生夢死。／金盔鐵甲的武士氣息淹淹？」，寫這首〈一滴香涎〉、可直追他喜愛的詩人波特萊爾的〈毒〉（毒藥）乙作。波特萊爾嗜毒，酒和鴉片固然毒性強，仍比不上「你的眸光，那碧眼的毒，」更比上「舔吮唾液的巨大奇跡」，這樣的香涎足以侵蝕無悔的靈魂成遺忘狀態，且沖至死亡岸邊。

　　如此歌詠頌贊，因為美，因為女人，因為女色。邵洵美表白「我愛女人為了她們都是詩」（詩〈你以為我是什麼人〉）。

　　反過來說，他寫詩，為了歌詠頌贊美和女人。

　　唯美主義者的縱情貪慾對象，最好是天生尤物，即使不能，並不期待輪迴或來生，他們信奉今生當下的歡愉享樂。〈死了有甚安逸〉就是證明，「死了有甚安逸死了有甚安逸！／睡在地底香聞不到色慨看不出；／也聽不到琴聲與情人的低吟，／啊還要被獸來踐踏蟲來嚙齧」。不談冰冷的屍骨，他要活生生鮮豔的肉體肌膚：「西施的冷唇怎及 ×× 的手熱？／惟活人吓方能解活人的飢渴。／啊與其與死了的美女去親吻，／不如和活著的醜婦推送爛舌。」他禮贊美女醜婦，有時也詛咒美人。看見落花黏衣猶帶香氣：「墮落的花瓣／貼緊你／青衫的衣襟／怪香的」，為何「怪」？意識到跟平常不相同的感覺，詩人回身：「美人是魔鬼」，接著肯定美的魅力：「愛了你／她總沾污你，／一定的。」被魔鬼的美人沾污，似乎心悅誠服。這首〈墮落的花瓣〉見證了法國雕塑家羅丹 (Auguste Rodin,1840～1917) 說：「美，到處都有。對我的眼睛而言，不是缺少，而是發現美。」邵洵美發現落葉如撒旦的誘惑，因為那是另一種美。

2. 肉慾的裸戀

　　邵洵美的詩句裡，出現有關情色的語詞，包括「吻」、「慾情」、「妖異」、「妖珍」、「乳壕」、「蛇腰」、「下體」、「肉氣」、「淫意」、「淫婦」、「淫娃」……有女體官能的描繪，正面負面的，有時封女人「皇后」，有時稱「毒蟒」、「魔鬼」，充溢著性的暗示、慾的流動。

在〈Madonna Mia〉乙詩，先稱「你是西施，你是浣紗的處女」，隨後說「你是毒蟒，你是殺人的妖異」，不管哪一角色，哪怕「蜂針般尖利的慾情」，倒要好好享受「我有了你，我便要一吻而再吻，／我將忘却天夜之後，復有天明。」徹夜官能交纏，不在乎天暗天亮，忘記時光流動或者時光停止。Madonna Mia 該是一名異國女子，也許某位都會尤物名媛的化名，讓洋場闊少癡迷！

美女的誘惑是一事，季候也算催情的幫手。〈五月〉乙作起筆「啊慾情的五月又在燃燒」，五月的春情燃燒著，添上「火一般的肉」更讓慾火旺盛。他「將顫抖的唇親她的乳壕」，渾然忘記天堂地獄。他不要天堂要地獄：「天堂正好開了兩扇大門，／上帝吓（吓＝呀）我不是進去的人。我在地獄裡已得到安慰，／我在短夜中曾夢著過醒。」這首搭配季候的詩，極盡官能描繪的頌揚及貪戀。

同樣的季候，〈春〉乙作僅一節四行：「啊這時的花香總帶著肉氣，／ 不說話的雨絲也含著淫意；／ 沐浴恨見自己的罪的肌膚，／ 啊身上的緋紅怎能擦掉去？」

連花和雨都充滿斥情色的成分。春來了，春情萌生，看似指涉花香的肉氣、雨絲的淫意，不談人，絲毫沒有減弱情慾的感覺，筆調卻隱隱聲東擊西的委婉含蓄。聽說這首〈春〉深獲徐志摩欣賞（出處待查）。

花，不只是花香，在邵洵美的眼中詩句裡，盡是情慾肉感的徵象，〈牡丹〉一詩：「牡丹也是會死的，／ 但是她那童貞般的紅，／ 淫婦般的搖動，／ 儘夠你我白日裡去發瘋，／ 黑夜裡去做夢。」（第一節），做夢發瘋衍釋了「牡丹花下死，做鬼也風流」。此詩結尾三行：「我總忘不了那潮

潤的肉，／ 那透紅的皮，／ 那緊擠出來的醉意。」哪個醉
漢在意酒？是嫩膚肉感的女色！牡丹已不是花，而是勾魂攝
魄的妖冶尤物。牡丹不是花，玫瑰亦非。詩人說：「我怕異
香的玫瑰雖讓小蜂吸吮，／ 遭殃的是那嚐到甜味的靈魂。」
詩人永墜「肉慾的裸戀」的地獄深淵。

　　地獄深淵卻是不悔的甜蜜夢土。詩人自白：「啊，玫瑰
色，象牙色的一床，／ 這種的甜蜜夢，害我魂忙：／ 我是
個罪惡底忠實信徒」（詩〈甜蜜夢〉）。罪惡的信徒終究要
完成花一般的罪惡。

　　詩集名《花一般的罪惡》，雖衍自法國詩人波特萊爾的
《惡之花》（惡之華），花如何有罪？非罪非惡，肇因花是
美是豔是情慾是耽溺女色。同題的詩〈花一般的罪惡〉，詩
人借他人之杯飲自己的酒，仍有自己的構思。邵洵美的詩作，
通常四行一節，最短一節的小詩，兩節的不少。〈花一般的
罪惡〉有 18 節 72 行，算是邵洵美的長詩之一。全詩分三部
份：第 1 至 6 節，敘談「上帝的愛女仙妖」意下凡人間 22 年
（22 歲），過著歌妓的生活，被認為是「天際飛來的女神」，
彈銅琵「使悲哀的人聽之快樂」， 她「如淫婦上下體的沸汗。
／能使多少靈魂日夜醉迷」。第 7 至 16 節，談這位仙妖（美
女）的祈禱，向上帝禱告，說她「犯了花一般的罪惡，／去
將顏色騙人們的愛護。」用美色與風騷贏來「獻媚」，還遭
一個個懊悔者指責失是「蛇蠍心腸的狐狸」，她哀求「啊，
我父，這豈是我的錯？」。遭罵也被疼惜，仙女入的懺悔禱
告，仍喜歡人間，因為「啊，這裡有詩，這裡又有畫，／這
裡復有一剎那的永久，／這裡有不死的死的耐快樂，／這裡
沒有冬夏沒有秋。」（第 14 節）。第 17、18 節，上帝聽了

她的祈禱，要她回「自己的天宮」。仙妖撒脫上帝手，說：「情願去做人生的奴隸，／啊，天宮未必都是周快樂」。因為下界人間春光無限，「我已是一百年春的帝王」（第 15 節）。

上文提到的〈一滴香涎〉也算一首豔情詩。

張甦在〈唯美主義〉說道：「……新月社詩人在自己的創造中自覺地表露的唯美主義傾向也是十分明顯的。……他們善於把視聽之間的感覺溝通，創造出意象來，甚至有時還表現於對女性肉體的頂禮膜拜。新月社另一位唯美主義詩人邵洵美，又有『香艷詩人』之稱。……（中間引錄陳夢家的論說）……他在《新月》、《聲色》等刊物上發表的詩充滿了肉的氣息，由唯美主義而流於色情。 （註 14.）

3. 頹廢耽溺的唯性論

濃情香豔，乃至唯性論，是邵洵美唯美頹廢耽溺的極緻。延續上一小節「肉慾的裸戀」再讀他的詩句：

> 雖然我已經聞過了花香，
> 甜蜜的故事我也品嚐，
> 但是可怕那最嫩的兩瓣，
> 盡叫我一世在裡面蕩漾。

這是〈我不敢上天〉乙詩的第 2 節，直白露骨的豔色慾流，直教人心動神搖，不輸中國宋詞裡的香豔失語詞。邵洵美的唯美頹靡，除傾近西方外，耽迷宋詞也有基因在內。最

完整呈現唯性論的詩，當屬〈頹加蕩的愛〉和〈蛇〉兩件，
分別收在兩冊詩集裡。〈頹加蕩的愛〉較短僅 2 節 8 行。

頹加蕩的愛

睡在天牀上的白雲，
伴著他的並不是他的戀人；
許是快樂的慫恿吧，
他們竟也擁抱了緊緊親吻。

啊，和這一朵交合了，
又去和那一朵纏綿地廝混；
在這音韻的色彩裡，
便如此吓消滅了他的靈魂。

「頹加蕩」，法語 décadent 的音譯。Décadent 字典意即：
頹廢的、頹唐的、墮落的、沒落的、衰亡的、衰弱的。 décadent，
是形容詞，名詞為 décadence。

詩題「頹加蕩的愛」，即頹廢的愛。如何界定頹廢？頹
廢：不正常、變態。如何看待「頹廢的愛」？什麼狀況可以
稱為「頹廢的愛」？要頹廢，一定先有主角：頹廢者。這首
詩 8 行，2 節各 4 行。主角是「白雲」，「睡在天牀上的白
雲」，天上的白雲如何頹廢？原來，白雲和這朵白雲會合，
詩人將之說是「交合」，未久，又去「那一朵纏綿地廝混」。
看似無生命的白雲，天上白雲聚散合離，塵世人同樣聚散合
離；詩人賦予「白雲」生機，且擬人化。人有情慾，白雲亦

然；雲更甚於人，沒有選擇的交合、纏綿，一如雜交亂交似的，無視道德標準。巴拿斯派 Parnasse 詩人們「為藝術而藝術」，不甩教條不理道德。進一步言，詩人藉天空流雲，影射地面人間現象。末二行「在這音韻的色彩裡，／便如此吓（吓＝呀）消滅了他的靈魂。」，要如何跟頹廢者談靈魂呢？自然「消滅」。

　　頹廢者是同性戀、唯性論者。莎茀同性戀，史文朋亦是？洵美也嚮往同性戀？同性戀是頹廢者的徵候？白雲之戀，還算同類之戀，非同性戀？

蛇　　　邵洵美

在宮殿的階下，在廟宇的瓦上，
你垂下你最柔嫩的一段——
好像是女人半鬆的褲帶
在等待著男性的顫抖的勇敢。

我不懂你血紅的叉分的舌尖
要刺痛我那一邊的嘴唇？
他們都準備著了，準備著
這同一個時辰裡雙倍的歡欣！

我忘不了你那捉不住油滑
磨光了多少重疊的竹節；
我知道了舒服裡有傷痛，
我更知道了冰冷裡還有火熾。

啊，但願你再把你剩下的一段
來箍緊我箍不緊的身體，
當鐘聲偷進雲房的紗帳，
溫暖爬滿了冷宮稀薄的繡被！

　　蛇，讓人可怕又想傾近（那捉不住油滑），是女神（美人）的化身。西方（希臘）神話裡性的誘因，東方（中國）廟宇古殿留有靈蛇的靈異傳奇。民間故事，流傳最眾者，當屬女蛇修煉後人蛇戀的傳奇《白蛇傳》（白素貞傳奇、雷峰塔故事、田漢劇本《金缽記》、大荒長篇詩劇《雷峰塔》、李喬長篇小說《情天無恨》、程小東電影《法海：白蛇傳說》等），臺灣也有男蛇的《蛇郎君》民間故事。

　　邵洵美〈蛇〉這首詩篇幅較〈頹加蕩的愛〉多一倍：4節各4行。依起承轉合的節奏演進。首節起，蛇出現殿堂廟宇，顯示美人蛇的出身非凡，是廟堂的女神（神女），是典故裡的靈蛇。詩人無畏蛇毒，一心只想與美女親近親熱；幻想著「男性的顫抖的勇敢」。第二節承，蛇首先現身，接著吐信。詩人更盼雙節頰能均等地享受蛇信的恩寵，才能享受「雙倍的歡欣」。第三節轉言蛇神身的「捉不住油滑」在竹節滑溜的舒服與傷痛並存，冰火交熾的感慨。第四節合，既有上半身的誘惑，也要下半身的纏綿，冀望下半身的蛇身「箍緊我箍不緊的身體」，以獲得形上形下的身心交歡靈慾合一的喜悅爽暢，感受極致的性歡愉。重演一齣男人女蛇的怪異綺麗戀，而非是荒郊野合庶民的通俗劇。地點安排在宮殿、廟宇，提升了身份地位，乃至床重現宮廷的淫奢蕩靡。但詩人（作者）美化了「性」的完美。末節，「雲房」的典故，

來自宋代詞人鄭僅（1047～1113）的〈調笑轉踏‧桃源仙女〉：
「行行漸入清流淺，香風引到神仙館。瓊漿一飲覺身輕，玉
砌雲房瑞煙暖。」鄭僅安排了武陵溪桃源仙境的淨土，企盼
凡人仙女的性幻想。「玉砌雲房瑞煙暖」，何其浪漫艷麗緋
色的神話綺想！雲房，雲端的空中樓閣、華殿閨房、華殿宮
殿；冷宮，月裡的廣寒宮。雲房、冷宮，凡人與仙女的幽情。
雲房，搭配冷宮，呼應首節的宮殿廟宇，高高在上，如廣寒
宮宏偉豪奢高雅，同樣脫離塵俗，進入性幻想的神話仙境。

　　〈蛇〉詩四節，宛如求愛過程的四部曲：1.性誘惑的官
能畫面：最柔嫩上半身的迷惑、半鬆的褲帶的挑逗、顫抖的
勇敢；隨後，2.舌吻的激情：雙頰享受「雙倍的歡欣」；接
著，3.冶艷歡愉的獨享：舒服裡有傷痛、冰冷裡還有火熾；
最終，4.銷魂蝕骨的迷靡。

　　這齣人蛇糾纏的情慾，不在塵間世俗，而是天庭雲端的
神話。

　　蛇是性的誘因，其身形更是愛慾糾纏纏繞纏綿的實體。
邵洵美揀選古典的艷麗的凡人仙女情戀意象，寫出中國新詩
初期（1920年代）建立當代的綺華的神話性幻想。似乎意圖
銜續宋詞冶艷的當代情慾詩。

　　葉慈的〈麗達與天鵝〉是鳥與美女靈肉媾合的象徵；邵
洵美的蛇詩，人對蛇產生性幻想的唯美頹廢。 能兩相情願的
「偷情」，自然溫暖宜室。作者不言「人」，而由「鐘聲」
借喻取代，有其高明之用。更且，鐘聲來自廟宇、廟堂。（註
15.）

　　在〈頹加蕩的愛〉乙詩，中性的「雲」可以彼此交配，
何況人蛇戀？！這是邵洵美的性愛論，唯性論。（註16.）

4. 生之戀

即使頹廢墮落，仍眷戀人間塵世。因為只有世間才可以頹廢墮落。唯美，亦然。今生今世，活著，既眷戀也護守。試著引錄四首詩的片簡詩句，印證邵洵美的現實世界的生命觀。詩集《花一般的罪惡》裡〈死了有甚安逸〉乙詩末節四行：「西施的冷唇怎及 ×× 的手熱？／惟活人吓方能解活人的飢渴。／啊與其與死了的美女去親吻，／不如和活著的醜婦推送爛舌。」西施雖美，畢竟存在過去，存在畫紙書本。過去、畫紙、書本都只是虛體，是冰冷的嘴唇（冷唇）；與其擁抱親吻「死了的美女」，寧要「活著的醜婦」，這是邵洵美對活體真實生命眷戀，自然衍繹的生之戀。詩集《詩二十五首》裡〈洵美的夢〉篇幅較長，共 50 行沒有分節段，一氣呵成。結尾兩行詩：「神仙的宮殿決不是我的住處。／啊，我不要做夢，我要醒，我要醒！」他的夢鄉似樂團如仙境，卻不是他要的。連喊兩次「我要醒」，標表示仙境再好，不如塵世好。〈我不敢上天〉四節詩的第二節四行：「雖然我已經聞過了花香，／甜蜜的故事我也品嚐，／但是可怕那最嫩的兩瓣，／盡叫我一世在裡面蕩漾。」直歎對女子雙唇的最高贊美陶醉！

回到最實際的生活層面，〈你以為我是什麼人〉是一首自白自剖詩；20 行五節詩，摘引前兩節：

你以為我是什麼人　　　　邵洵美

你以爲我是什麼人？
是個浪子，是個財迷，是個書生，
是個想做官的，或是不怕死的英雄？
你錯了，你全錯了；
我是個天生的詩人。

我愛金子爲了她燦爛的色彩；
我愛珠子爲了她晶亮的光芒；
我愛女人爲了她們都是詩；
啊，天下的一切我都愛，
祇要是不同平常。

語氣充滿詩人了的自負自信自傲！

四、再選 4 首詩賞讀

To　Sappho

你這從花牀中醒來的香氣，
也像那處女的明月般裸體 ——
我不見你包著火血的肌膚，
你卻像玫瑰般開在我心裡。

Sappho，莎茀（薩福），邵洵美最初鍾愛的兩位詩人之
一。Sappho，西元前六、七世紀古希臘著名的女詩人，出生
地列斯波斯島（波特萊爾有詩〈列斯波斯〉，詩集《惡之華》
1857 年初版被法院查禁六首詩之一），是有名的女同性戀島

嶼。薩福創作了九卷詩，大都為詞句艷麗的愛情詩，因妨礙風化，於十八世紀初，遭教會公開焚燬。世界文學史上，Sappho因詩博得「女荷馬」的美譽。

Sappho有些四行詩，如〈夜〉：「月已沒，七星已落，／已是子夜時分，／時光逝又逝，／我仍獨臥。」〈暮色〉：「晚星帶回了／曙光散布出去的一切／帶回了綿羊，帶回了山羊／帶回了牧童回到母親身邊」。

邵洵美自言「驚異於古希臘女詩人莎茀的神魔，輾轉覓到了一部她的全詩的英譯；……我便懷抱了個創造新詩格的癡望，當時寫了不少借用『莎茀格』的詩。」（註17.）。這首 **To　Sappho**，標準的「莎茀格」的詩，詩短卻充滿著女體的香芬與性的暗示。另，劉群在〈邵洵美與他的希臘文學老師〉文中談到的資訊可進一步了解邵對Sappho的偏愛（註18.）。

To　Swinburne

你是莎弗的哥哥我是她的弟弟，
我們的父母是造維納絲的上帝 ——
霞吓虹吓孔雀的尾和鳳凰的羽，
一切美的誕生都是他倆的技藝。

你喜歡她我也喜歡她又喜歡你；
我們又都喜歡愛喜歡愛的神秘；
我們喜歡血和肉的純潔的結合；
我們喜歡毒的仙漿及苦的甜味。

啊我們像是荒山上的三朵野花，
我們不讓人種在盆裡插在瓶裡；
我們從瀾泥裡來仍向瀾泥裡去，
我們的希望便是永久在瀾泥裡　。

　　邵洵美最初鍾愛的另一位詩人 Swinburne。這一首〈To Swinburne〉，偏幅較長，12 行分三節各四行。邵洵美在此表明他的美學觀，及定下三人的緊密關係。他說：史文朋「你是莎菲的哥哥我是她的弟弟」，三人排序：史文朋、莎菲居二，洵美老三。三人是「我們像是荒山上的三朵野花，／我們不讓人種在盆裡插在瓶裡；／我們從瀾泥裡來仍向瀾泥裡去，／我們的希望便是永久在瀾泥裡。」耽美主義者捨離凡塵市囂，快樂生活在不食人間煙火的烏托邦，唯愛與美。

上海的靈魂

啊，我站在這七層的樓頂，
上面是不可攀登的天庭；
下面是汽車，電線，跑馬聽，

舞臺的前門，娼妓的後形；
啊，這些便是都會的精神：
啊，這些便是上海的靈魂。

在此地不必怕天雨，天晴；
不必怕死的秋冬，生的春：
火的夏豈熱得過唇的心！

　　此地有真的幻想，假的情；
　　此地有醒的黃昏，笑的燈；
　　啊，此地是你們的墳塋。

　　上海是「海派文學」的重鎮。海派文學的特徵：1.表現半殖民地都市的病態生活。2.現實、超越道德以表現自我為上。3.心理分析（潛意識隱意識）小說。4.唯美頹廢的形象，熱中於描寫「尤物」（Femme　fatale，致命女子）。5.商業世俗化。6.都市文學。洋場闊少看透上海歡場的背後，提供了「海派文學」的溫床，孕育了海派的幾位作家：劉吶鷗、穆時英、施蟄存、葉靈鳳等都會小說家。邵洵美是海派作家中唯一的詩人，邵也是新月派中最具巴拿斯傾向的詩人。在這首詩，詩人直指紙罪金迷的上海的靈魂，「有真的幻想，假的情」、「有醒的黃昏，笑的燈」，最終是靈魂的墳塋。

季　候

　　初見你時你給我你的心，
　　裡面是一個春天的早晨。

　　再見你時你給我你的話，
　　說不出的是熾烈的火夏。

　　三次見你你給我你的手，
　　裡面藏著個葉落的深秋。

　　　　最後見你是我做的短夢，
　　　　夢裡有你還有一群冬風。

　　〈季候〉一詩，內容表面看似季候的更替，其實談的是
感情的蛻化。季節的輪換恰似戀情的轉變。四季特徵：春日
漸暖花開、夏情熾熱如火、秋涼葉落殘敗、冬風寒瑟夜長；
對應著情人的心話手夢，由得到失由喜轉傷，有一番難以說
出口的淡淡隱痛。初見戀情萌生，兩心如春晨，微寒卻有喜
孜孜的甜蜜；接著，交往勤密戀情升溫濃烈，如膠似漆甜言
蜜語，只盼朝朝暮暮黏貼，火夏般炙熱；過了蜜甜，兩情漸
淡，恰似秋風掃落葉的感懷；最後淪為僅依稀夢裡冬風在追
逐。原本情勢的發展應該起伏迭宕，作者極其冷靜的旁觀，
敘談一段非關自己的情史，用語平淡無彩，卻筆力撞心。

　　全詩一季一韻，四次見面，不是數量的多寡問題，是階
段的說詞，事件演進的說法：萌現、茁壯、式微、敗北。也
似起承轉合的文章架構，還似個人生命的歷程，更似王朝的
興亡嬗替。

　　就形式言，每行十字（十音步），一節兩行共四節。在
固定模式的句法，文詞有新奇的變化，同中萌異趣。上述曾
提說邵洵美是唯美主義的膜拜者，也是形式主義的信奉者。
這首〈季候〉詩比較能印證這論調，也符合聞一多的形式說。

　　趙景深編《現代詩選》，在書前的〈序〉將邵洵美列入
「第四期　西洋律體詩時期」，也從這角度確認（註 19.）。

五、結　語

　　有關邵洵美詩作的評論或肯定，在當時，大都點評式的印象意見居多。魯迅曾數度譏諷:「邵公子有富岳家，有闊太太，用陪嫁錢，做文學資本。」此評影響頗大，使得很多人都認為邵是一個靠老婆陪嫁而舞文弄墨的紈綺子弟;今日看來，或是一場誤解。當時幾位朋友們如郁達夫說:「邵洵美是個很好的詩人。」柴樹鐸說:「有聲，有色，有情，有力。」沈從文說:「邵洵美以官能的頌歌那樣感情寫成他的詩做作，贊美生，贊美愛，然而顯出唯美派人生的享樂，對於現世的誇張的貪戀，對於現世又仍然看到空虛;另一面看到的破滅，這詩人的理智，卻又非聞一多處置自己觀念到詩中的方法。」（註 20.）

　　蘇雪林的〈頹加蕩派的邵洵美〉（註 21.）乙文，算是比較全面中肯的專文論述。蘇文，雖然在臺灣出版，但，可能寫作時間甚早（未標誌寫作或發表時間），她在文章開始說:「邵氏有《天堂與五月》和《花一般的罪惡》兩本單行本，又在《新月詩刊》也常刊布詩篇。」再看內文的用語及談論資料，因而有此存疑。再看:

　　1.「頹加蕩」用語流行於 1920 年末到 1930 年代初。她在文談到的詩，有幾首詩，如:〈不死的快樂〉、〈沒有冬夏也沒有我〉、〈神光〉等，沒有收進現存的後兩冊詩集，或許是最早的詩集《天堂與五月》。

　　2.除了談詩，她還提到幾位與邵風格類似的外國作家，如法國的波特萊爾（談邵，不能少波）、孟代、魯易等。尤

其魯易，她說：「彼得魯易（Pierre Louÿs）專寫希臘故事，其名著《愛神》（Aphrodite，我國有東亞病夫父子合譯本，改名《肉與死》）及詩集 Chansons de Bilitis 都極頹廢之能事，而文筆之秀麗精工，又一時無出其右。」這段話沒有其他人提過。連邵洵美本人似乎也未談。蘇雪林有這樣的說詞，因她留法，當然親法的文學家。

　　晚近，新世紀以來，李歐梵幾篇文章〈漫談中國現代文學中的「頹廢」〉（《現代性的追求》）、〈頹廢和浮納：邵洵美和葉靈鳳〉（《上海摩登：一種新都市文化在中國1930-1945》第七章），都扣緊緊邵洵美。跟著，趙毅衡寫〈邵洵美　中國最後一位唯美主義者〉（《對岸的誘惑》），掀起重新審識邵洵美的藝文活動。

　　莫渝認真接觸邵洵美，是從波德萊爾的《惡之華》到魯易《比利提斯之歌》轉入王獨清、穆木天（尤其穆著《法國文學史》）的象徵唯美頹廢（迄目前，不會喜歡李金髮），再加唯美畫家們，自然傾向了邵洵美，才完成此文。

　　（補記：邵洵美的詩裡常用「吓」字，觀看多處，似為「呀」，是否正確，請教賢者。）　　　　　　　　2020.02

附註

註 1. 朱益喬著：《新月才子》，山東畫報出版社，2000.08.第 1
　　　版。邵洵美的名字　出現頁 71（三次）、頁 75（一次）。

註 2. 林少波、文泉傑編著，李丹審校：《為了忘卻的紀念：中國
　　　最具風格早逝作家的真切追憶》，哈爾濱出版社，2005.06.

第 1 版第 1 刷。八位早逝作家 依文序輯名為：達夫之郁、顧城之城、海子之海、路遙之路、三毛之漠、 望舒之巷、小波之性、徐志之橋。

註 3. 陳夢家編：《新月詩選》，新月書店， 1931.09.序。

註 4. 網路：https://www.luoow.com/dc_tw/105951831

　　　鉤沉 —— 邵洵美：一個被嚴重低估的文化人。

註 5. 邵洵美詩集《詩二十五首》，頁 7。

　　　凡爾侖，即法國詩人 Paul Verlaine 魏爾崙）。

註 6. 轉 摘 《 我 的 爸 爸 邵 洵 美 》 自 序

　　　http://www.shsd.com.cn/books/bkview.asp?bkid=93577&cid=25

　　　1532 施蟄存晚年回顧說。

註 7. 章克標：《海上才子：邵洵美傳》。

註 8. 周小儀著《唯美主義與消費文化》北京大學出版社，2002.11。頁 216。

註 9. 同上註。 頁 216。

註 10.羅振亞著：《中國三十年代現代派詩歌研究》，（北京）國際文化出版公司，1997.03. 頁 284。

註 11. 同上註。 頁 284。

註 12. 許霆著：《中國現代主義詩學論稿》，上海文化出版社，2005.08. 頁 230。

註 13. 同上註。頁 231。

註 14. 吳中杰 吳立昌主編：《1900-1949:中國現代主義尋蹤》，上海學林出版社 1995.12. 頁 202。

註 15. 莫渝在讀此詩時，多方揣摩推敲，留下一則輕體詩：

　　睡前讀邵洵美〈蛇〉詩

　　　夢裡出現櫻唇

　　　沉溺

　　　耽美的蛇吻永不醒！（2020.01.16.）

　　又：據云比亞茲萊有一幅畫：蛇嘴銜著一朵花（待查）。
　　　邵洵美的〈蛇〉詩寫作靈感來自此畫（見：程光煒著
　　　《中國現代文學史》）。更早，馮至 1927 年的同題詩
　　　〈蛇〉，據馮至後來自己追憶,創作的最初靈感來自同
　　　一幅插圖（見張新著《20 世紀中國新詩史》，2009
　　　年 8 月，復旦大學出版社出版。）。

註 16.（2020.02.12.補記：）李歐梵著《現代性的追求》乙書內〈漫
　　　談中國現代文學中的「頹廢」〉，談到邵洵美（頁 157-162）。

註 17.邵洵美詩集《詩二十五首》，頁 6-7。

註 18.摘引劉群：〈邵洵美與他的希臘文學老師〉，網址：
　　　https://kknews.cc/zh-tw/culture/k2lkoeq.html；原文網址：
　　　https://kknews.cc/culture/k2lkoeq.html

　　　劉群說：「1929 年 5 月，在自辦刊物 《金屋月刊》第 1 卷
　　　第 5 期上，邵洵美發表了〈兩個偶像〉一文，向讀者介紹自
　　　己書房裡掛著的兩張畫像：一張是「一個美婦的半身」，深
　　　綠衣衫、桃色的嫩肉的右手握一支黑筆擱在鮮紅的唇上，裝
　　　著水或蜜的淡藍的眼珠，赤金色的頭髮，這是古希臘女詩人
　　　莎茀（Sappho，今通譯 『薩福』的畫像；另一張則是羅塞蒂
　　　（D.G.Rossetti，1828-1882）畫的詩人史文朋（Algernon
　　　Charles Swinburne， 1837-1909），『碩大無朋的頭顱，散披
　　　著像拖糞般的頭髮』，史文朋的 「標誌」在這張一色印刷品

上都能看得出。他們倆，邵洵美說，是『我所最心愛的兩個
詩人』，『最崇拜的兩個偶像』」。

註 19. 趙景深編：《現代詩選》北新書局，1934.05.，〈序〉頁 7-10。

註 20.沈從文〈我們怎麼樣去讀新詩〉，見沈著：《抽象的抒情》
復旦大學出版社， 2004.08.，頁 83-84。

註 21. 蘇雪林：〈頹加蕩派的邵洵美〉，收進蘇雪林教授著：《二
三十年代的作家與作品》，台北廣東出版社，1979.頁 148-155。

參考資料

邵洵美詩集

邵洵美著：《天堂與五月》，上海光華書局，1927.01.。

邵洵美著：《花一般的罪惡》，上海金屋書店，1928.05.。上
海書店影印，1992.12.，列入「新月派文學作品專輯」。

邵洵美著：《詩二十五首》，上海時代圖書公司，1936.04.。
上海書店影印，1988.08.，列入「中國現代文學史參考資
料」。

邵洵美文集

邵洵美著：《火與肉》，評論集，金屋書店，1928.03.。

陳子善編：《洵美文存》，2006 年出版。

邵洵美譯作集：《一朵朵玫瑰》，上海書店，2012.07.

研究專書

陳夢家編：《新月詩選》，新月書店，1931.09。

趙景深編：《現代詩選》北新書局。1934.05。

徐榮街主編：《現代抒情詩 100 首》，（南京）江蘇教育出
版社，1995.10。

辛　笛主編：《20 世紀中國新詩辭典》，（上海）漢語大詞
典出版社，1997.01。

苗時雨、張雪杉編：《精短新詩 200 首》，（天津）百花文
　　藝出版社，2001.08。

許道明編著：《浪漫現代》，（上海）復旦大學出版社，2003.07.

周宏坤選編：《中國現代詩歌精品》，（瀋陽）春風文藝出
　　版社，1994.03。

莫　渝編譯：《法國十九世紀詩選》，台北志文出版社，1979.11.

蘇雪教授著：《二三十年代的作家與作品》，台北廣東出版
　　社，1979。

吳中杰　吳立昌主編：《1900-1949:中國現代主義尋踪》，上
　　海學林出版社，1995.12。

羅振亞著：《中國三十年代現代派詩歌研究》，（北京）國
　　際文化出版公司，1997.03。

蕭同慶著：《世紀末思潮與中國現代文學》，安徽教育出版
　　社，2000.09。

李歐梵著《現代性的追求》，（北京）生活讀書新知三聯書
　　店，2000.12.第一版第一刷。

許　霆著：《中國現代主義詩學論稿》，上海文化出版社，
　　2005.08。

李歐梵著　毛尖譯：《上海摩登：一種新都市文化在中國
　　1930-1945》，上海三聯書店，2008.06.另有北京大學出版
　　社，2001.12. 第七章頹廢和浮紈：邵洵美和葉靈鳳。

趙毅衡著：《對岸的誘惑：中西文化交流人物》，（北京）
　　知識出版社，2003.01. 頁 32-34〈邵洵美　中國最後一
　　位唯美主義者〉（2020.02.27.記）（得知翻譯家方平為
　　邵洵美女婿）。

趙毅衡著：《雙單行道：中西文化交流人物》，（台北）九
　　歌出版社，2004.11.頁 37-39〈邵洵美　中國最後一位唯
　　美主義者〉。

邵洵美 徐悲鴻畫，1925 年

項美麗

邵洵美與盛佩玉

《洵美文存》　　　　邵洵美譯《一朵朵玫瑰》

詩集:《花一般的罪惡》

詩集:《花一般的罪惡》

詩集:《詩二十五首》

詩集：《詩二十五首》

喟嘆或吶喊

── 兼馮至十四行詩小記

最近，社區換了清掃女工。前一任，樂觀開朗，與住戶互動頗勤，時有笑語。新任，臉色默然、漠然，繃著臉，不苟言笑。瞬時聯想到中國詩人馮至《十四行詩》的第六首：

> 我時常看見在原野裡
> 一個村童，或一個農婦
> 向著無語的晴空啼哭，
> 是為了一個懲罰，可是
>
> 為了一個玩具的毀棄？
> 是為了丈夫的死亡，
> 可是為了兒子的病創？
> 啼哭得那樣沒有停息，
>
> 像整個的生命都嵌在
> 一個框子裡，在框子外
> 沒有人生，也沒有世界。
>
> 我覺得他們好像從古來

就一任眼淚不住地流

為了一個絕望的宇宙。

一個村童，一個農婦發出的「啼哭」，竟是「為了一個絕望的宇宙」。無解的絕望至極，只能一味地「啼哭」，用啼哭抗議？用啼哭討取？

換另個角度，因為凡人：無能、無奈，唯一能做的就是「哭」，讓淚水讓哭聲代替。除了啼哭，另一方式是喟嘆，嘆一口氣，哀生命的無解。

碰到「除卻虛空粉碎更無人解得」（周夢蝶詩句）的無奈，若是李白，就將進酒：「與爾同銷萬古愁」。東方的思維較內斂，只有淚、只能嘆，只藉酒澆愁。

西方，就會像挪威畫家孟克（Edvard Munch, 1863～1944）的大聲吼叫：吶喊。

孟克出生於出生於挪威萊登（Loeiten），通常稱他是表現主義畫家和版畫家，他的畫作主題具有強烈精神和感情，對於二十世紀早期的繪畫產生重大的影響，尤其《吶喊》乙作，論者將之與達文西的《蒙娜麗莎》並提。孟克的《吶喊》共有四個版本，1893年兩件為挪威國立美術館及奧斯陸孟克美術館收藏，1910 年的作品亦為孟克美術館收藏。唯一的一幅私人收藏，是 1895 年不時在坊間流通拍賣，最近一次 2012 年 5 月 2 日紐約蘇富比拍賣場以約35 億台幣的天價成交。《吶喊》四個版本構圖相近，畫作中的主角都是一名面容如骷髏、彷彿受到驚嚇的男子，他雙手摀耳，張嘴尖叫，透露強烈恐懼，背景則是波浪線條和鮮豔色彩，呈現出詭異又令人不安的氛圍。整體呈現出全然的絕望。孟克說：「若沒有生命的不安，沒有威脅身心的痼疾，那在我就像是失去舵的船一樣。」不安與恐懼，正是孟克不斷創作的驅動力，亦是創作主題。

吶喊，成了生命中另一種最無奈的抗議、臨崩情緒的紓洩、強烈壓力的鬆放。　　　　　　　　　　　　　　　　－2016.05

走出雨巷—談戴望舒的詩

　　戴望舒（1905~1950）生前出版的新詩集／詩選有：《我底記憶》（1929 年）、《望舒草》（1933 年）、《望舒詩稿》（1937年）、《災難的歲月》（1948 年）4 冊，第 2、3 冊有重複選錄的情形；從 1926 年 3 月發表的〈凝淚出門〉起，到 1945 年5 月的〈偶成〉，二十年間，他的詩作總計約 92 首，加上零星被覓得數量有限的作品，依然未能破百，但，這些成績，卻在三０年代中國新詩壇掀起一股「現代派」的風潮之後，經過某段時空的沉寂與沉澱，戴望舒的詩風與詩藝，重新受到重視，依舊不減當年風采。

　　戴望舒的成名作是〈雨巷〉，全詩 7 節：

> 撐著油紙傘，獨自
> 彷徨在悠長，悠長
> 又寂寥的雨巷，
> 我希望逢著
> 一個丁香一樣地
> 結著愁怨的姑娘。
>
> 她是有
> 丁香一樣的顏色，

丁香一樣的芬芳，
丁香一樣的憂愁，
在雨中哀怨，
哀怨又彷徨；

她彷徨在這寂寥的雨巷，
撐著油紙傘
像我一樣，
像我一樣地
默默彳亍著
冷漠，淒清，又惆悵。

她靜默地走近
走近，又投出
太息一般的眼光，
她飄過
像夢一般地，
像夢一般地淒婉迷茫。

像夢中飄過
一枝丁香地，
我身旁飄過這女郎；
她靜默地遠了，遠了，
到了頹圮的籬牆，
走盡這雨巷。

在雨的哀曲裡
消了她的顏色，
散了她的芬芳，
消散了，甚至她的
太息般的眼光，
她丁香般的惆悵。

撐著油紙傘，獨自
彷徨在悠長，悠長
又寂寥的雨巷，
我希望飄過
一個丁香一樣地
結著愁怨的姑娘。

　　整首詩氣氛低迷感傷沉濁，節奏徐緩悠長複沓，甚至首尾二節僅僅替換兩個字(「逢著」與「飄過」)。這首詩發表(1928年 8 月)後，葉聖陶誇讚：「替新詩音節開了一個新的紀元」，因而，贏得「雨巷詩人」的封號；朱湘也從音節聲律贊賞：「〈雨巷〉兼採有西詩之行斷意不斷的長處。在音節上，比起唐人的長短句來，實在毫無遜色。」(朱湘〈寄戴望舒〉1929 年 10 月 24 日)他們均肯定這首詩的「音樂美」。從內容看，戴望舒初期的詩，流露相當多個人感傷的色彩，或者說他躲在象牙塔裡吟哦自己愛戀的愁傷：「我是失去了歡欣，／愁苦已來臨。」(〈凝淚出門〉)；「我是顛連飄泊的孤身／我要與殘月同沉。」(〈流浪人的夜歌〉)；「我瘦長的影子飄在地上，／像山間古樹底寂寞的幽靈。」(〈夕陽下〉)；「我的嬌艷已殘，

／我的芳時已過」。這樣的情景，類似古中國才子尚未封官前的自怨自艾。再溯及寫作的原點，16歲中學生的戴望舒，與施蟄存、戴杜衡等人組織文藝團體「蘭社」，出版的《蘭友》，即以舊詩詞和小說為主。可以這麼說，〈雨巷〉時期戴望舒的詩，仍擺脫不古典中國詩詞的影子，舉〈雨巷〉為例，詩中「我」、「丁香」、「丁香女子」、「雨中徘徊」的意象，係李璟「丁香空結雨中愁」(〈攤破浣溪沙〉)詞句的衍繹。〈雨巷〉的成功，除了音樂美，詩中塑造一位「丁香女子」的顯明形象，應有極大的因素。這位「丁香女子」與中國古典佳人同源，但「她飄過／像夢一般地，／像夢一般地淒婉迷茫。」這位「丁香女子」呼之欲出，卻活在朦朦朧朧的詩篇裡，彷彿聶小倩式的「倩女幽魂」──「結著愁怨的姑娘」直扣年輕人徘徊愛情的心聲，成為風靡的詩篇。

　　1929年之後，由於閱讀翻譯法國果爾蒙(古爾蒙，Remy de Gourmont,1858~1915) 和耶麥(賈穆，Francis　Jammes, 1868~1938)作品，戴望舒本人的詩作風也起了轉變，甩開中國古詩詞的意象，放棄外在音韻，求取日常口語、自由詩體，包括詩集《我底記憶》裡的〈我底記憶〉、〈秋天〉、〈斷指〉，以及往後的〈流水〉、〈我們的小母親〉、〈到我這裡來〉、〈祭日〉、〈我的戀人〉、〈村姑〉、〈秋蠅〉、〈深閉的園子〉、〈尋夢者〉、〈樂園鳥〉等，當中，〈秋天〉、〈村姑〉、〈深閉的園子〉3 首，有明顯耶麥(賈穆)的影響(參見莫渝：〈賈穆與戴望舒──戴望舒研究之一〉)。〈我底記憶〉、〈流水〉、〈我們的小母親〉和〈秋蠅〉是這階段的典型：文詞清新不拖沓，親切的現實氣氛增濃。

　　戴望舒留法期間(1932 秋至 1935 年夏)詩作幾乎停滯，他

的詩生命的高峰是 1942 年在香港日軍牢獄中寫的〈獄中題
壁〉，和出獄後寫的〈我用殘損的手掌〉兩首詩。

獄中題壁

如果我死在這裡，
朋友啊，不要悲傷，
我會永遠地生存
在你們的心上。

我們之中的一個死了，
在日本佔領地的牢裡，
他懷著的深深仇恨，
你們應用永遠地記憶。

當你們回來，從泥土
掘起他傷損的肢體，
用你們勝利的歡呼
把他的靈魂高高揚起，

然後把他的白骨放在山峰，
曝著太陽，沐著飄風，
在那暗黑潮濕的土牢，
這曾是他唯一的美夢。

詩人戴望舒一生幾乎都在「尋夢」，〈雨巷〉詩裡撐傘徘
徊的男子，是在尋找愛情的夢：「像夢一般地淒婉迷茫……結

著愁怨的」丁香女子；〈贈克木〉詩中：「……我將變一顆奇異的彗星……把太陽敲成碎火，把地球撞成泥。」這些夢都只是小小私我的呈現，〈獄中題壁〉將私我的愛擴及國族，此種「政治抒情詩」，不曾在前兩階段的詩作裡，這樣的轉變，多少跟戴望舒接觸與翻譯西班牙多位詩人及法國詩人艾呂亞作品有關，他們在反法西斯與抗德戰役中，淬煉出強烈保鄉衛國的「戰鬥抒情詩」，戴望舒這兩篇就是同質的表現。

戴望舒最後一首詩〈偶成〉，寫於 1945 年 5 月 31 日，又回到他個人的尋夢／希望。

偶　成

如果生命的春天重到，
古舊的凝冰都嘩嘩地解凍，
那時我會再看見燦爛的微笑，
再聽見明朗的呼喚 —— 這些迢遙的夢。

這些好東西都決不會消失，
因為一切好東西都永遠存在，
它們只是像冰一樣凝結，
而有一天會像花一樣重開。

詩題〈偶成〉，有信手拈來的意思，隨興之作，也見於戴望舒應一位青年之請，即興寫就的無標題 4 行即興詩：「我和世界之間是牆，／牆和我之間是燈，／燈和我和之間是書，／書和我之間是 —— 隔膜！」(1947 年間)。〈偶成〉這首詩雖然也在表達作者的尋夢／希望，但戴望舒早年的憂愁感傷已

不見了，沒有極力追求的苦惱折騰，代之者是一份坦然無憾調適過的看淡心情。這首詩不是戴望舒重要詩篇之一，卻是他晚年泰然心境的寫照。

　　戴望舒一生忙於文學事業，對愛情與婚姻極力追求，卻頻頻出現坎坷，這景況被溫梓川稱為「沒有歡樂的一生」。到晚年，以「燦爛的微笑」和「明朗的呼喚」這些美麗回憶的歡快詩句交代，儘管來時路曾經的酸痛，「好東西都決不會消失」，畢竟，個人生命的春天難得重回，但人間的花一樣會重開。「撐著油紙傘，獨自彷徨」的詩人戴望舒，終於走出「悠長，悠長又寂寥的雨巷」，看到生命清朗的春天。

－2001 年 4 月 15 日初稿

中國現代作家選集：《戴望舒》　　程步奎編《戴望舒文錄》

戴望舒的散文

　　戴望舒的文學殿堂，最先受注目的是新詩，1928 年 8 月，〈雨巷〉等六首詩刊載後，「雨巷詩人」的雅號不逕而走；在此同時，他也踏入外國文學的譯介，接著，這類翻譯書刊選及的大量問市，詩集的整理出版，戴望舒的文名，被鎖定為：現代派詩人、西歐文學翻譯家。雖然戴望舒也有遊記、日記、隨筆之類散文式的文字記錄，但幾乎很少被討論，主要因素或許是它們儘管發表過，卻未曾集印成冊，尤其 1945 年戰後到 1950 年 2 月，戴望舒本人生活的奔波及遽然病逝，無暇也無能照顧這件現實生活外的小事。1950 年之後，中國內部的社會、政治局勢，更容許不了戴望舒的詩文風貌──感傷憂鬱的頹廢氣質，兼具資本社會小資產階級的自由思想。

　　大約到 1980 年代初，戴望舒的文學，才在中國重新湧現，《戴望舒詩集》(周良沛編，1981 年)和《戴望舒譯詩集》(施蟄存編，1983 年)是兩本重要選集。在台灣，雖無明顯禁忌，瘂弦編《戴望舒卷》早先於 1977 年出版，流通市面。這樣的作為，仍肯定戴望舒的新詩和譯詩的表現。直到 1985 年間，香港發行的《香港文學》第二期(1985 年 2 月)主題「戴望舒逝世三十五周年記紀念特輯」，刊載盧瑋鑾女士蒐集多篇戴望舒發表過的佚文；台灣的《中國時報‧人間副刊》以「出土文物」方式，於 1985 年 4 月 23 日起數日，連載程步奎提供多篇戴望舒發表過尚未印成書的散文佚稿。

藉由這兩位人士的有心與用心，戴望舒的散文，有比較清晰的初
輪廓呈現出來了。

　　戴望舒的散文大概可分成三類，第一類「抒情與小品」：從日
記、旅遊傳達生活雜感，表現旅遊地的人文與民俗；第二類「外
國文人記事」：有關外國文學家的訪談、悼念、評介；第三類「文
藝觀」：戴望舒的詩文學觀點，如〈望舒詩論〉和〈詩論零札〉等。

　　1932 年 10 月 8 日，戴望舒由上海搭船前往法國自費留學，一
個月的海上生活，留下〈航海日記〉，內容平淡，充斥「寂寞」、「鄉
愁」等字眼，中間夾雜外文。在法國居留學習期間，除勤於譯介
文章外，相關的見聞寫作有：〈都德的一個故居〉、〈巴黎的書攤〉、
〈記詩人許拜維艾爾〉以及四篇西班牙旅行記。這些文章都脫不
了詩書。戴望舒初抵法國，先在巴黎住一年，接著到里昂中法大
學兩年半，期間，曾於 1934 年 8 月 22 日至翌年春，前往西班牙，
這些經歷與見識，是他在返國後追憶記錄發表的助力，形成詩人
戴望舒的抒情散文風貌。

　　19 世紀後期，法國小說家都德 (1840~1897) 青少年時
(1849~1857) 曾在里昂居住、求學，當時，都德是破產家庭的窮困
孩子；熟知法國文學的戴望舒，再由閱讀都德著作《小物件》(小
東西) 自然曉得此事，因此，就近去探探都德在里昂的故居；八十
餘年間，人事滄桑，當非如願，尤其屋舍的鄰人與現住人，不懂
文事，難免內心「有點悵惘」；文末，將自己身在異鄉與小都德初
到里昂的心情，跟河上的濃霧結合一起。尋訪舊書，似為文人癖
好之一。在巴黎，西班牙的瑪德里，戰爭期間的香港，三地分別
寫三篇相關的書店，尤其是舊書店。〈巴黎的書攤〉開頭，他戴望
舒說：「在滯留巴黎的時候，在羈旅之情中可以算做我的賞心樂事
的有兩件：一是看畫，二是訪書。……說是『訪書』，還不如說在

河沿上走走或在街頭巷尾的各舊書舖進出而已。」戴望舒的這項行逕，和覃子豪留學日本時一樣，覃子豪《東京回憶散記》裡〈買舊書〉也有相同體驗，他說：「在東京，我的消遣方法：第一、是看電影；第二、是到咖啡店裡去聽音樂；第三、就是逛舊書店買舊書了。」戴望舒的三地三篇介紹書市的文章，少不得以低廉購得好書的經驗。

　　戴望舒到西班牙的時間，據羅大岡的文章〈望舒剪影〉：「──1935 年戴望舒到西班牙去了一趟，為期大約一個月左右，旅行的目的是到馬德里圖書館查閱並抄錄收藏在那裡的中國古代小說。這件工作他確實是完成了。」這段回憶，在時間上，似乎有誤。這趙行程，戴望舒除完成原先的計畫任務，以及往後加強對西班牙當代詩文譯介外，最大的收穫該屬四篇西班牙旅行記：〈我的旅伴〉、〈鮑爾陀一日〉、〈在一個邊境的站上〉、〈西班牙的鐵路〉。前兩篇描寫的地點，仍屬法國境內，第一篇的「旅伴」，指火車上同車廂的乘客和狗，隱隱可以算進去的是隨身攜帶的書：《西班牙旅行記》，作者為葛紀葉(戴譯作：高諦艾)，他是 19 世紀法國詩人，小說家，波德萊爾詩集《惡之華》扉頁題贈的對象，就是這位唯美主義大師。身帶《西班牙旅行記》前往西班牙旅行，可見戴望舒事前準備的周全，他對西班牙之行，也充滿無限的遐思。在幾處文章裡，引錄前人的片段，做為彼此的心靈印證，多少還暗示作者的博覽群書。第二篇的「鮑爾陀」，就是波爾都，是法國盛產葡萄的酒鄉。餘二篇和更晚的〈記瑪德里的書市〉，總共三篇才是戴望舒筆下人文的，歷史的，風景的，真實的西班牙的認知，讀者絕不能錯過他的描述。

　　在香港，戴望舒忙著編報刊，翻譯，寫出〈獄中題壁〉和〈我用殘損的手掌〉兩首名詩，還留下〈香港的舊書市〉、〈山居雜綴〉

和〈林泉居日記〉。〈山居雜綴〉由四篇短文組成：〈山風〉、〈雨〉、〈樹〉、〈失去的園子〉。前兩篇短小精鍊，當初重登《中國時報‧人間副刊》時，即被莫渝留意，收進稍晚編選的《情願讓雨淋著──散文詩選讀》。

戴望舒這一組「抒情與小品」，分屬不同時空下的作品，呈顯一貫的書卷氣，讀其文，必能增添歷史、文學的認識，吐納該地的文化氣息，同時，感應到作者行文的清麗親和，描繪環境的平實妥切。

有相當長的時間，為了賣文為生，煮字療饑，戴望舒大量的翻譯外國文學著作，工作的累積，也帶動文學視野的拓展，發揮同樣的效用，逐漸形成戴望舒第二類散文──外國文人記事，記載文人的評介、印象與動態(尤其是悼念)，這類文章類似報導文學，偏重於法國文壇者居多，如〈魏爾蘭誕生百年紀念〉、〈詩人梵樂希逝世〉、〈記詩人許拜維艾爾〉等，蘇聯無產階級首席的〈詩人瑪牙可夫斯基之死〉，美國小說家《嘉莉妹妹》、《天才夢》作者的〈悼杜萊塞〉。

戴望舒的第三類散文是他的詩文學觀點，這一類文章如〈望舒詩論〉和〈詩論零札〉二篇，因為曾經先後集進詩集內，所以流傳校廣。這兩篇都是條列式的理念提出，基本上受到中國傳統詩話與歐洲印象批評的影響，僅僅「點」的淡筆觸及，未能形成旁完整或磅礡的體系。此外，〈法國通信〉是戴望舒於 1933 年 3 月在巴黎發寄報導「關於文藝界的反法西斯運動」的報導，兼翻譯紀德的演講辭。〈再生的波蘭〉報導戰爭結束後，波蘭如何從混亂與破壞中站起來。這些報導都是戴望舒站在比較前衛立場，讓讀者儘早得知外界的信息。

－2001.04.13.

【附錄】台灣出版戴望舒著譯書目

一、臺灣商務印書館：

1.《比較文學論》（翻譯），1966 年 12 月。

2.《意大利短篇小說集》（翻譯），1971 年 2 月。

二、洪範書店：

1.《戴望舒卷》，瘂弦編，1977 年 8 月。

2.《惡之華》（翻譯），1998 年 7 月。

3.《紫　戀》（翻譯），1998 年 8 月二版一刷。

三、海風出版社：

1.《馮至•戴望舒》，盧斯飛、劉會文著，1990 年。

　（原中國廣西教育出版社，1989 年 6 月初版）

四、書林出版公司：

1.《戴望舒》，施蟄存、應國靖編，1990 年。

五、大台北出版社：

1.《戴望舒》，施蟄存、應國靖編，1990 年。

　以上四與五兩書，原三聯書店香港分店，1987 年 11 月初版）

六、花田文化

1.《望舒草》，卓文瑄編輯，2000 年 10 月

七、桂冠圖書公司：

1.《戴望舒散文集》，莫　渝編，2003 年。未出版。

2.《戴望舒詩集》，　莫　渝編，2003 年。未出版。

3.《戴望舒文集》，　莫　渝編，2003 年。未出版。

4.《洛爾迦抒情詩選》（翻譯），　2003 年　未出版。

－2001.11.26

光明中有奇異的寒冷

──談金克木的詩與散文

一、金克木的詩位置

在台灣，詩人高準寫過《星空奇觀》（1970.03.），是一冊簡易天文學兒童讀物，為台灣省政府教育廳的中華兒童叢書之一。這時，高準已經是「名」詩人。書內，高準沒有前言後語交代寫這本書的動機。

1932 年，20 歲的文藝青年金克木，在北平寫了組詩〈秋思〉3 首，投稿上海施蟄存主編的《現代》雜誌，隔年刊登。1936 年春，因為翻譯出版了一本天文學《流轉的星辰》獲稿酬，離開北平，南下上海，與施蟄存、戴望舒會面。隨後轉到杭州。同年，他在杭州譯畢第二本同類書刊《通俗天文學》，由上海商務印書館出版。戴望舒到杭州，驚訝金的譯書，回上海後，寫〈贈克木〉乙作，

贈克木　　　　戴望舒

我不懂別人為什麼給那些星辰
取一些它們不需要的名稱，
它們閒遊在太空，無牽無掛，
不了解我們，也不求聞達。

記著天狼、海王、大熊……這一大堆，
還有它們的成份，它們的方位，
你絞乾了腦汁，漲破了頭，
弄了一輩子，還是個未知的宇宙。

星來星去，宇宙運行，
春秋代序，人死人生，
太陽無量數，太空無限大，
我們只是倏忽渺小的夏蟲井蛙。

不癡不聾，不作阿家翁，
為人之大道全在懵懂，
最好不求甚解，單是望望，
看天，看星，看月，看太陽。

也看山，看水，看雲，看風，
看春夏秋冬之不同，
還看人世的癡愚，人世的倥傯：
靜默地看著，樂在其中。

樂在其中，樂在空與時以外，
我和歡樂都超越過一切境界，
自己成一個宇宙，有它的日月星，
來供你鑽究，讓你皓首窮經。

或是我將變成一顆奇異的彗星，
在太空中欲止即止，欲行即行，
讓人算不出軌跡，瞧不透道理，
然後把太陽敲成碎火，把地球撞成泥。

　　　　　　　──1936 年 5 月 18 日

　　詩 28 行分 7 節每節 4 行。詩裡，半開玩笑，逗對方「弄了一輩子，還是個未知的宇宙」後，自言「我們只是倏忽渺小的夏蟲井蛙」，也帶自信「自己成一個宇宙，有它的日月星，／來供你鑽究，讓你皓首窮經。」以及「變成一顆奇異的彗星」。金克木回和〈答望舒〉乙詩，形式相同，篇幅稍長，計 48 行分 12 節每節 4 行。茲引錄第 1、4 兩節：

世人羨慕天上的星辰，
以為它們自由自在任意遊行。
殊不知它們有無形的鐐銬，
它們有絲毫不能錯的軌道。
⋯⋯⋯⋯⋯⋯⋯⋯⋯

黑暗中的生物害怕光明，

因為光明中有奇異的寒冷。
光明他不能統治黑暗也並不可愛，
然而在黑暗中他忘了自己的存在。

　　兩人的天文星象酬酢，是一場詩壇趣聞。除此，金克木還有些星象詩，如〈宇宙瘋〉、〈流星〉等，在〈懺情詩〉乙作，也出現這樣的詩句：

星星默默流移，
應笑驚飛的野鳧。
飛呀，飛呀，飛到天邊，水邊，
但切記不要發一絲哀鳴：
只有岑寂的太空，
可做永恆的伴侶。

　　在上海，戴望舒還鼓勵金克木出版詩集，金克木將 1932 至 1935 年間詩作整理成《蝙蝠集》乙書，列入邵洵美的「新詩庫」之一，1936 年出版。這一年，他的詩作也較多。但因為詩無稿酬或少，不易糊口；金克木說：「寫的詩，都是自己寫不成文的；能用文表達，就不寫成詩了。文中有詩意還可以，詩中有文意似乎就不太好。」沒有安定工作的金克木，需要鬻文為生。詩，不是主業。

　　金克木，1912 年出生於安徽壽縣。1937 年中日戰爭爆發，金克木轉徙後方各地及香港，或任編輯、或擔任中學英語教師，也曾兼任大學法文講師。1941 年到印度，學習梵文、古印度哲

學與文學。1946 年回國，擔任武漢大學哲學系教授，1948 年以後，一直任教於北京大學東方語言系，至退休。他有語言天份，靠自學，懂得多種語言，包括：梵語、巴厘語、印地語、烏爾都語、世界語、英語、法語、德語等多種語言文字。

金克木出版的詩集，有：

1.《蝙蝠集》（1936），集錄 42 首詩。..

2.《雨雪集》（1986.05.），28 首，1936-1947，周良沛編集；

3.《金克木卷》（1990.05.），48 首，周良沛編選。

4.《掛劍空壟》（1999.05.）新舊詩集。

晚年 1980 年，久不寫新詩的金克木再寫〈寄所思〉二首：〈晨星〉、〈夜雨〉，紀念戴望舒逝世三十週年。合計，金克木的新詩總數量約 80 首。比好友戴望舒的 92 首還少。有趣的是戴望舒寫了〈少年行〉8 行短詩，金克木寫了同題的〈少年行〉長詩。

一般詩評家或詩選編輯人，將金克木歸入戴望的舒現代派，或者施蟄存《現代》雜誌的「現代」派。這主要因素自然金克木詩作出現於這兩位朋友間的刊物及彼此的互動。

中國新文學白話詩初期，胡適寫過〈老鴉〉乙詩，要呱噪：「我不能呢呢喃喃討人家的歡喜！」金克木 1938 年的〈烏鴉〉，則諷刺汪兆銘（汪精衛）的行徑：「烏鴉仗黑夜勉勉藏身，／到天明免不了現出原形。」這樣選材，是金克木少有的作業。

金克木的詩被歸入現代派，戴望舒的夥伴。嚴格來說，不盡如是。綜覽金現有的詩作，較接近戴望舒初期之風：沾著中國古典風味的感懷但無感傷。周良沛將之歸檔為「《現代》雜誌派」，似乎較合宜。

　　晚近，幾本選集，仍將金克木列入現代派。如：藍棣之編選《現代派詩選》（1986、2002）選錄 7 首：生命、年華、默訟、肖像、鄰女、懺情詩、鳩喚雨。

　　江邊選析《象徵派和現代派詩》（1990）選析〈鄰女〉。另外，李克希　張唯嘉編注《愛情韻語：中外情詩三百首》（2006）選注〈雨雪〉。《雨雪集》內排序前四首：〈雨雪〉、〈肖像〉、〈鄰女〉、〈招隱〉均為 1936 年作品，曾冠題「情詩習作」。

　　說是情詩，卻非纏綿悱惻，而是有理智制約的抒懷；四首詩的形式累同，為 2、4、6、4、2 行，其實排序第五的〈懺情詩〉，明顯就是情詩，只因篇幅較長，不與前四首共同形式。試以〈鄰女〉乙詩略作解讀。

鄰　女　　　　金克木

願我永做你的鄰人。
啊，祝福我們中間的這垛牆。

願意每天聽著你的格格的笑聲。
願意每天數著你的輕快的腳步。
願意每天得你代我念一章書。
這垛牆遮住了我的痛苦和你的幸福。

你換上一件緋紅的春裝，
我的窗上便映出一片霞光。
你再換一件深黑的素服，
我的窗上又有了迷濛的煙雨。

你的四季在身上變化，
我的四季卻藏在心裡。

你的眼睛是我的鏡子，
我的眼淚卻掩不住你的羞澀。
最好我忘了自己而你忘了我，
最好我們中間有高牆一垛。

願我永在牆這邊望著你，
啊，願我永做你的鄰人。

　　一垛牆阻隔一段情緣。一垛牆敘說一個愛情故事。該讚美抑詛咒牆？青年男女比鄰而居，可能近水樓台，就近發展成情侶；也可能不招呼的長期陌生。首段的兩行，已告知讀者：這段情緣難續，無法修成正果，即：有情人成眷屬。但主角並未因失愛轉仇成恨，得戀不成，約制自己的慾望和理智，退一步，希望在牆這邊繼續望伊人。前後兩段文字微微相同，是冷靜克制的展現。中間三段，主角墜入戀情，對方一顰一笑服飾穿著；都留下深刻印記，整個心都聚焦對方，不敢表露。卻因無法結連理，或成為公開的情侶，只好隱忍，知道對方有幸福，自己則暗吞苦果：「這垛牆遮住了我的痛苦和你的幸福」。「牆」是道德的藩籬，也是現實的藩籬。這首情詩，有難言的酸楚，自是悲劇，因為悲劇，唯悲劇才吸人耳目。

　　金克木是梵文專家，也翻譯過《印度古詩選》乙書。在〈一花一世界，一葉一如來 ── 關於 19 世紀法國小說的對話〉提出

他對譯詩的看法：「將外國詩譯出來大概原來的影子只佔百分之五十以內，還有百分之五十以內是譯者的創作。」（摘自《異域神遊心影》頁202）。的確，翻譯、譯詩，都有某些困境、盲點，卻又有不能少的必要性。

二、金克木的散文

金克木，從天文星象謫凡，寫詩，轉入印度梵文世界，回到人間，變裝為學人、文化人、作家。他的閱歷廣書讀多，所寫的散文，皆由人生經驗與閱讀面而來，因此，涉及哲學、美學、宗教、人類學、語言學、民俗、符號學、文學評論、中國人文古籍、古典詩詞等。

金克木不算認真的詩人，確是認真的學人和文人。1980年代後，他的學養，藉由龐雜繁多的出版品，獲得見證。散文隨筆雜文集有：《天竺舊事》、《燕啄春泥》、《燕口拾泥》、《末班車》、《蝸角古今談》、《舊巢痕》、《八股新論》、《藝術科學叢談》、《比較文化論集》等。

晚年幾本自選或他選集：《金克木小品》（名家小品自選系列，1992）、《異域神遊心影》（世紀學人文叢，1998）、《咫尺天顏應對難》（名人名家書系，2007二版）、《倒讀歷史》（大家散文文存，2007）、《金克木散文》（中華散文插圖珍藏版，2008）等，談文論藝說譯翻古憶人，既通俗也深論。這幾部選集，有些文章重複選入。

他的散文，類似無所不談，隨興隨意恬淡無華但有趣。幾篇談散文定義的文章，如：〈一談散文：《試筆》〉、〈再談

散文：《旁觀者》〉、〈疑「散文」〉等，可以認知從西方到東方的文筆理念。

在〈遺憾〉乙文，談一生的學習歷程、藝文碰觸、師長親友期望，結尾謙虛：「自知是塊本來無育用的廢料，不過錯蒙一些人賞識而已。所以儘管有遺憾，仍能笑口常開。」（《倒讀歷史》頁 51）或許這樣淡然態度，讓他平安渡過下放勞改的艱辛歲月。〈廢品〉乙文（《金克木散文》頁 139-140）即回憶文革勞動的另一名年紀相仿的同伴陳信德。陳為出生於日治時期的台灣人，父親是牧師，從小學英文，到京都帝大讀中文，隨後任職於日本佔領華北時北京偽政權下的廣播電台文藝部，後改教日文，新政府成立後，留在北京。文革中期，陳被當作「典型」，不久死於獄中。留有一妻（日本人）一女。文革結束，獲平反，母女都安排工作。金克木回憶陳信德，還強調陳精通中日英三國語言，如同他本人精通多語系。至於標題〈廢品〉，他被勞動的部門就在廢品堆，負責整理廢品。文章開頭，有人喊「金克木在哪裡？」回應的是「金克木在廢品堆裡。」是揶揄，也帶自嘲。

金克木的記憶超級清楚。戰後初期，自印度歸來，任教武漢大學。近半世紀 48 年後，他追記當年四位年輕學者：外文系的周煦良、歷史系的唐長孺、中文系的程千帆、及自己，寫出〈珞珈山下四人行〉乙文，四人散步同時談天說地，金克木的筆下顯得栩栩如生。〈小學校長〉乙文更扯，上小學時，一般人早就忘記校長的講話，金克木卻如數家珍的記錄。太令人感佩！友朋間亦然，如侯碩之，由文（天文）轉電機。1930 年代，英國天文學家秦斯的書，馬上有三位年輕（大學生）譯者的譯

本：《閒話星空》，商務版；侯碩之《宇宙之大》，開明版；金克木《流轉的星辰》，中華書局版。金與侯兩人只見面兩次，第一次在清華園，有過「看星談了一夜」，間隔一甲子，侯碩之的哥哥仁之，與金談著：「你為什麼不為他寫點什麼？」一回憶，竟有近 3000 字的〈人世流星〉乙文（《倒讀歷史》頁 290）。起筆：「侯碩之——這是我僅見過兩面而終身不忘的朋友。」

　　幾乎是信手拈來，連電影也談。美國暢銷書改編的情戀 1995 年電影《麥迪遜之橋》，中國譯名《廊橋遺夢》，兼及比較《珍妮的畫像》。〈愛·情：真·幻〉乙文就是將不同世紀不同年齡的愛情消小說電影，置放金克木的天平兩端，「二十歲是多麼美好的幻想時刻啊！五十歲是奪多麼興奮的激情年代啊！……是不是現在的青年寧願在赤道上大叫大跳曬太陽；也不願在南極當冷冰冰的企鵝思想者？多費心思，何必呢。讓老年人去幹這苦差事吧。」（《金克木散文》頁 243）。

　　同是比較，〈《祝福》《殺夫》〉乙文已是比較文學的論述了。魯迅的《祝福》，李昂的《殺夫》兩部小說合談婚姻、愛情、墳墓。金克木說「祥林嫂到八十年代變成了林市。兩人演的都是婚姻悲劇，和愛情不相干。兩篇小說都沒有愛。《祝福》中有哀怨。《殺夫》中有仇恨。」，「《祝福》、《殺夫》這兩篇「寡婦賦」相同又不同。同是『冤孽』而『報硬』不同」（《金克木散文》頁 189-197）。

　　好文章甚多，最不能忽略〈阿 Q —— 辛亥革命的符號〉，全文僅 2000 字左右，文內說「《阿 Q 正傳》的中心人物當然是我所尊重的阿 Q 兄。全篇只有他是個三度空間人物」、「阿 Q 不過是個符號，辛亥革命的符號。他是勝利者，不是失敗者」，

結尾提出中西兩人物略比：「歐洲有個堂吉訶德，中國有個阿 Q，大不一樣而異曲同工。他們都能化身千百而且不斷『轉世』。這一點，塞萬提斯和魯迅做不到。藝術品總是超越藝術家而更加長壽的」（《咫尺天顏應對難》頁 184-186）。

　換另句話說，藝術品與藝術家可以同壽，金克木從藝術衡量文學存在的意義與價值，提出這樣的論點。

　金克木比戴望舒多 50 年壽命，寫了更多文，做了更多事。他的散文或許可以用「淵博深遠」、「深入淺出」來形容。生前，金克木與季羨林、張中行、鄧廣銘被尊為北大「燕園四老」及「未名四老」。2000 年 8 月 5 日過世後，三聯書店於 2011 年 5 月印製出版《金克木集》全八卷精裝版，5000 餘頁，是他一生詩文智慧的完美結晶。

金克木 1960 年在北京大學

2018.01.06.

金克木詩集：《兩雪集》、《掛劍空壟》、《金克木卷》。

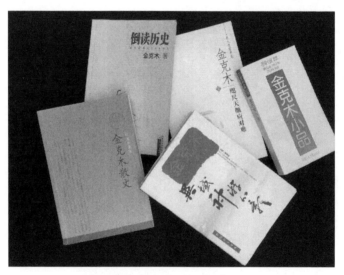

《金克木散文》自（他）選集

從象徵頹靡到揮旗戰歌

── 穆木天（1900～1971）小論

一、前　言

　　1920 年代在日本東京創立的創造社，是中國新文學主要文學團體之一。初期有三位：郭沫若、郁達夫、成舍我，稱為創造社前三人，另有後三人：王獨清、穆木天、馮乃超。前三人為浪漫派，後三人為象徵派，且是親法（法國）分子。

　　當年，周作人、朱自清、趙景深、劉西渭（李健吾）等皆予以贊譽。晚近，不少中國學者談新詩發展歷程，論述象徵派，必推李金髮，且大筆評之。例如：孫琴安說：「五四以來，李金髮一向被視為中國第一個象徵派詩人」（註 1），這句話被李林展延用（註 2），續說：「李金髮是中國象徵主義詩歌創作最早的實踐者」（註 3）。也有不少專論，如夏爵蓉〈李金髮　　將情思嵌入象徵的框架〉，用約 17 頁 12000 字篇幅討論（註 4）。王澤龍《中國現代主義詩潮論》用一章「李金髮：中國現代主義詩歌的開山詩人」40 頁約 3 萬字左右論述（註 5），還有零散數千字與其他人

詩人比較。林煥標說：「首先扛起象徵主義大旗的是李金髮，他在 1925 年出版的詩集《微雨》開啟了象徵主義詩歌的先河，在新詩史上標誌著又一支異軍的突起。」（註 6）。他用 6 頁約 5000字〈李金髮的象徵詩〉篇幅討論（註 7）。研究李金髮最有心得者當屬孫玉石，他著《中國初期象徵派詩歌研究》（1983 年）、《中國現代主義詩潮史論》（1997 年）、編選《象徵派詩選》（1986年）、主編《中國現代詩導讀》（1990 年）等。《中國現代詩導讀》共選讀李金髮 19 首詩（親自撰解詩 13 首）。《象徵派詩選》乙書共選 9 人，依序李金髮（80 首）、王獨清（10 首）、穆木天（14 首）、馮乃超（14 首）、蓬子（11 首）、胡也頻（17 首）、石民（7 首）、林松青（1 首）、張家驥（2 首）。全書 265 頁，李金髮 80 首 151 頁，佔半部書的篇幅。李金髮獨亮中國象徵派半壁天下。

在台灣，詩人瘂弦於 1973 年撰〈中國象徵主義的先驅 ──「詩怪」李金髮〉（註 8）。楊允達《李金髮評傳》乙書〈緒論：中國象徵詩的先驅者〉、〈結論：多才多藝的詩人〉（註 9）。

李金髮的詩，是否過度被抬愛厚愛？他的怪異（還加上：怪異美），轉移了桀怪生硬艱澀。不少稱呼冠之：詩怪。

在眾多掌聲與推崇，也出現另一聲音。陳太勝在《象徵主義與中國現代詩學》裡，直說：「李金髮：失敗的經驗」，稱李金髮的詩「句秀而無全篇」（註 10）；文末，引述卞之琳、馮至兩人的晚年觀點，說「李金髮似乎構成了食洋不化、食古亦不化的『詩怪』的例子」（註 11）。

我倒認真偏愛穆木天的詩及其文學業績（隱約也含個人傾近法國文學的心境）。

　　與穆木天舊識及北京師範大學同事鍾敬文，在《穆木天文學評論選集·序》說「木天對我們的文學事業是有貢獻的，而且，他的貢獻是多方面的。」（註 12）。他從四個面向：詩人、翻譯家、文學理論家和教育家，略談之。就詩而言，鍾敬文強調穆木天是一個詩人，是一個在新文學運動史上佔有一定地位和對新詩的發展做初一定貢獻的詩人，他的詩集《旅心》和論文〈譚詩〉是新詩運動的代表性成就（註 13）。

　　本文試著引述眾人之說及個人意見，回看穆木天。

二、生平小傳

　　穆木天，原名穆敬熙，學名穆文昭，以筆名穆木天傳世。1900 年（清光緒 26 年）3 月 26 日出生，吉林伊通人。詩人、翻譯家、教授。穆木天自稱「我是沒落的地主的兒子」（註 14）。1918 年天津南開中學畢業後，獲吉林省公費留學日本。原先在京都第一高等學校攻讀理科，後轉京都第三高等學校文科， 1921 年，加入郭沫若等人的「創造社」。第一篇創作〈復活節〉（散文詩，仿王爾德）發表於《創造》季刊 1 卷 3 號（1921.09.14.）。1923 年 4 月考入東京帝國大學文學部攻讀法國文學，學習及接受法國象徵派詩文學，並致力文學翻譯。1926 年，畢業回國，任教廣東中山大學；9 月，與同校文科預科學生麥道廣熱戀，寫有一詩〈獻詩〉見證，隔年初兩人同居。未久分手。4 月，穆木天出版第一本詩集《旅心》。該詩置放詩集最前頁。隨後，穆木天到北平教書。1929 年夏，回家鄉省立吉林大學任教。此後不再參與創造社的活動。1931 年「九·一八」事件後，東北巨變，穆木天到上海，加入中

國左翼作家聯盟，與任鈞、蒲風、楊騷等人發起「中國詩歌會」，
1933 年發行《新詩歌》旬刊，撰〈發刊詩〉。1933 年春，與左翼
作家彭慧結婚（註 15）。隔年 7 月，出版散文集《秋日風景畫》，
收散文兩篇：〈秋日風景畫〉、〈雪的回憶〉。此外，尚因為中
國詩歌會的革命宣傳被捕，9 月獲釋。這時期，也曾在復旦大學、
暨南大學兼課，撰寫出版《法國文學史》（1935 年）。出版雜文
集《平凡集》（1936 年）。1937 年中日戰爭爆發，轉移武漢，主
編詩刊《時調》、《五月》。出版第二本詩集《流亡者之歌》（1937
年）。1938 年轉昆明，任教中山大學，出版《怎樣學習詩歌》（1938
年）。1942-44 年任教桂林師院，出版第三本詩集《新的旅途》（1942
年），翻譯法國巴爾札克小說。戰後 1947 年任教上海同濟大學。
1950 年回東北師範大學任教。1952 年改調北京師範大學中文系教
授兼外國文學教研室主任，1957 年被劃為右派，文革期間遭受殘
酷鬥爭，1971 年 10 月被迫害致死。

　　穆木天的文學寫作與翻譯業績也許不算龐大，還算亮眼可
觀。可惜沒能像某些文學家有類全集套書的整理出版，僅單薄的
詩選，以及 2000 年由陳惇、劉象愚編選北京師範大學出版《穆木
天文學評論選集》乙書。

三、踏入法國文學及翻譯文學

　　1918 年穆木天獲公費留學日本，他回憶：「到日本後，即被
捉入浪漫主義的空氣了。——步著法國文學的潮流往前走，結果，
到了象徵園裡了。」（註 16）。「我熱烈地愛好著那些象徵派、

頹廢派的詩人。」（註 17）。象徵派、頹廢派詩人都是法國文學中重要人物。

　　回到當時情境。1923 年 4 月穆木天考入東京帝國大學文學部攻讀法國文學，受業於辰野隆（1888～1964；台灣作家巫永福於 1932 至 1935 年間就讀東京明治大學文藝科，亦有師生之緣），畢業論文為〈阿爾貝・薩曼的詩歌〉法文書寫。阿爾貝・薩曼 Albert Samain（1858～1900）就是象徵主義詩人。1926 年，穆木天從東京帝國大學畢業回國，先後執教於多所大學。並在《創造月刊》及其他雜誌發表有關法國文學的論述，如〈維尼及其詩歌〉（長論、連載）、〈法國文學的特質〉、〈19 世紀法國抒情詩講話〉、〈維勒得拉克〉、〈什麼是象徵主義〉、〈法蘭西瓦・維龍 ── 誕生 500 年紀念〉等。1935 年 5 月由（上海）世界書局出版了譯編《法國文學史》，是他對法國文學的整體認識與報告。此書完稿於 1933 年 8 月 20 日。同時間他翻譯了日本人川口浩〈關於文學史的方法諸問題〉乙文刊載《現代》第 3 卷第 2 期（1933 年 6 月 1 日）。在《法國文學史》的〈卷頭語〉，穆木天坦誠受業辰野隆的啟發，但「十年以來，世界大變」，文學史的研究方法起了革命，「新的傾向引導我走向了一條新的路途上」，革命與新傾向主要是當時普羅思想、馬克斯理論與弗理契《歐洲文學發展史》的影響，因而穆木天認為「一部法國文學史就是資產階級與封建階級的不調和的歷史。一個時代的文藝作品的總合是社會的表現，而是當時的階級的不調和的反映。」穆木天的資產階級，還分為大資產階級和小資產階級，二者亦不融洽。

　　《法國文學史》全書約 30 萬字，分七章：第一章　中世期的法文學（十世紀至十五世紀）、第二章　文藝復興（十六世紀）、

第三章　絕對主義的時代（十七世紀）、第四章　十八世紀、第五章　布爾喬亞的文學、第六章　現實主義底文學、第七章　現代文學。弗理契的《歐洲文學發展史》裡，絕對主義時代的文學（第三章）、資產階段的文學（第四章）和資產者社會的文學（第五、七、九章）等概念，穆木天大體認同及吸收。由於思想轉變，穆木天畢業時研究的詩人薩曼，在《法國文學史》第七章「三　象徵主義的文藝」裡，僅僅出現名字（頁381）與同時期的詩人並列，未有多加論談。

　　於此，引錄他在「象徵主義的文藝」一節開端：「印象主義唯美主義在詩歌領域中成為了象徵主義（Le　Symbolisme）。象徵主義的詩歌運動在一八七五年左右開始，它的熟爛期是十九世紀末二十年間。它的最後的餘波可以說是持續到最近。同自然主義，印象主義同樣，象徵主義是資本主義熟爛期的產物。然而，自然主義主要地是小布爾喬亞的文學，印象主義主要地是安定的，寄生的，富裕的中流布爾喬亞的文學，象徵主義則主要地是營貴族式的生活的流浪人的文學。在法國象徵派的詩歌中，退化的貴族階級的流浪者的傾向特別地顯露地暴露出來」（頁368）。但，他仍用很多篇幅（頁369-380）介紹象徵派三傑馬拉爾梅、魏爾林諾（魏崙）、欒豹（韓波）。

　　除了《法國文學史》論著及上述相關文學與詩人評述外，穆木天還翻譯巴爾札克《歐貞尼‧葛郎代》、《從妹貝德》、《從兄蓬斯》、《絕對之探情求》、《句利尤老頭子》（高老頭）等小說以及紀德《窄門》、《牧歌交響曲》等。

四、純詩詩學的建立與實踐

　　1926 年 3 月 26 日《創造》月刊第 1 卷第 1 號同時刊登穆木天的〈譚詩 ── 寄沫若的一封信〉和王獨清的〈再譚詩 ── 寄給木天、伯奇〉兩封書信體論文。李江稱〈譚詩〉乙文「是中國象徵主義詩歌運動的第一篇宣言書，是中國現代象徵主義詩歌理論的奠基之作」（註 18）。許霆認為「標誌著中國的純詩學運動正式開始。」（註 19），為的是「不滿國內詩壇創作在藝術上的「粗糙」狀態，主張予以唯美的拯救。於是西方唯美—頹廢的象徵詩藝和詩學成為取法榜樣。」（註 20）。陳太勝更深入的解讀這兩篇文章：「成了本土化的中國象徵主義詩學的奠基者。從某種意義上講，穆木天的詩學理論是對自己詩歌寫作的一種『總結』，同時，這種總結也在很大程度上體現了他自己當時的詩歌理想。……〈譚詩〉堪稱中國新詩創立以來 10 年中最富理論色彩的一篇詩學文章。」（註 21）。

　　穆木天的〈譚詩〉寫於 1926 年 1 月 4 日，是他之前寫詩經驗的實踐，底下，試著摘錄式挑出重點：

　　A

　　他否定胡適的新詩改革（革命），他說「中國的新詩的運動，我以為胡適是最大的最罪人。」因為胡適「他給散文的思想穿上了韻文的衣裳。」

　　B

　　他的純粹詩歌理論得自詩人拉佛格和音樂家得比西（杜步西）。穆木天不說純詩，他都說「純粹詩歌」La Poésie Pure。他

的純粹詩歌詩： 1.詩與散文的純粹的分界。2.要求「詩的世界」。3.作詩應如證幾何一樣。4.取唐詩杜牧「夜泊秦淮」為例，秩序井然，內容統一，寫法統一，「由朦朧轉入清楚，由清楚又轉入朦朧。……一切的音色律動都是成一種持續的曲線的。」5.詩是在先驗的世界裡。一首詩是一個先驗狀態的持續的律動。6.中國現在的詩是平面的，是不動的，不是持續的。我要求立體的，運動的，在空間的音樂的曲線。7.詩是數學的而又音樂的東西。8.詩不是說明的，詩是得表現的。

C

他對波德萊爾的「交感」Correspondance，很有興趣，多次引用。卻說「波得雷路（Baudelaire)的毛病在先作成散文詩，然後再譯成有律的韻文。先當散文去思想，然後譯成韻文，我以為是詩道之大忌。」

D

他坦承：「我的詩的改宗，自去年二月算一個起頭，」（這麼說，他的純詩實踐是從 1925 年 2 月起，如是，他的純詩、象徵說、頹廢詩，大約有 27 首，1925、26 兩年的寫作成績。）

E

有兩個字 Décadent 與 Délicatesse，需特別提出。穆木天的詩論〈譚詩〉是他與王獨清合作推動中國「純詩」（純粹詩歌）與象徵詩的有力之作。在這篇書信體的論文，穆木天用了許多法語文字，或者詩人名、詩集詩篇名、自由詩、散文詩、純粹詩歌 —— 等；有兩個字跟他的詩風詩質有關，特別提出來，進一步說明：

　　1.Décadent，木天的前後文「我同乃超談到詩論的上邊，──談些個我深吸的異國薰香，談些個腐水朽城，Décadent 的情調，我們的意見大略相同。（乃超，詩人馮乃超）。2. Délicatesse，穆木天這麼說：「我喜歡 Délicatesse。」

　　第一個字 Décadent，頹廢的、頹唐的、墮落的、沒落的、衰亡的、衰弱的。穆木天文內沒有繼續衍說，但，他詩裡的用語用詞，可以存證，他的偏愛。〈江雪〉的：孤獨的淒鳴、荒塚壘壘；〈心響〉的：飄零的幽魂；〈薄光〉的：衰涼的原上、夕暮的薄光、枯葉無力的弄著風響；〈細雨中〉的：如誰的寂城、衰廢的高樓、千年堆積的塵埃　腐草　糞土　瓦塊、滿城的淒冷；〈雞鳴聲〉的：殘燈　敗頹。這些用語，襯著穆木天的內裡心境。Décadent，形容詞，名詞為 Décadence，有人音譯成「頹加蕩」。新月派詩人邵洵美（1906～1968）詩集《花一般的罪惡》（1928 年）裡有一首詩〈頹加蕩的愛〉，「頹加蕩」即 Décadent 音譯。第二個字 Délicatesse，纖細、微弱、輕柔……等。在論文裡穆木天有延伸的續說：「我喜歡 Délicatesse。我喜歡用烟絲，用銅絲織的詩。詩要兼造形與音樂之美。在人們神經上振動的可見而不可見可感而不可感的旋律的波。濃霧中若聽見若聽不見的遠遠的聲音，夕暮裡若飄動若不動的淡淡的光線，若講出若講不出的情腸才是詩的世界。我要深汲到最纖纖的潛在意識，聽最深邃的最遠的不死的而永遠死的音樂。」

　　這兩個字 Décadent 與 Délicatesse，是詩集《旅心》的解讀之鑰。1931 年之後，穆木天的詩學觀點全然改變，不再頹廢、纖細、唯美。他成了戰士。

　　穆木天詩集《旅心》1927 年 4 月出版，主體 30 首，最前頁一首〈獻詩〉，附錄一詩一文，文為〈譚詩〉，詩為〈復活節〉（散文詩）1921.09.14.寫，發表於《創造》季刊 1 卷 3 號（1924.02.），是穆木天最早的創作；也是他僅有的一首散文詩。總計 32 首詩作。較集中於 1925-1926 年間完成，約 27 首。

　　整本《旅心》，有幾個特點：

　　1.接受象徵派的洗禮，充滿音樂節奏、暗示、

　　2.純粹傳出個人情思

　　3.語詞重疊，如雙音節，例如：纖纖、條條、線線、瀘瀘、遠遠、飄飄、寂寂、淅淅、虛虛、細細、弱弱、輕輕 —— 等，偏重於柔弱頹靡現象，非陽剛文詞。誠如穆木天在〈譚詩〉裡言：「我喜歡 Délicatesse。我喜歡用煙烟絲，用鋼絲織的詩。」Délicatesse，意即：輕柔、纖巧、嬌弱、細膩。精緻……等，他續說：「詩要兼造形和音樂之美。」

　　4.這些詩，整首沒用標點符號，僅留空格做為換氣停頓。

　　5.朦朧、飄蕩，不僅再三重疊，還重現（重複使用）各處。

　　6.這些「心境詩」（心境文學）似乎自言自語，也像對著「妹妹」在訴說，妹妹，是詩人心儀的對象。

　　穆木天在後來的回顧文章，多次重提，〈我與文學〉裡說：「到了大學，完全入象徵主義的世界了」。（註 22）。如〈我的詩歌創作之回憶〉乙文說的：「我能多量地產生詩歌，則在 1925 年……《旅心》中的大部份的作品，是 1925 年作的。（註 23）。還有 1925 年春，在東京「不忍池畔，上野驛前，神田的夜市中，赤門的并木道上，井頭公園中，武藏野的道上，都是時時有我的彷徨的腳印」（註 24）。。「在細雨中，在薄霧中，在夕暮的鐘

聲中，在暗夜的燈光中，寂寞地，孤獨地，吐出來我的悲哀。晝間，則去茶店喝咖啡，吸紙煙。每天，更讀二十分鐘的詩歌，找一兩篇心愛的作品，細細玩賞。在這種印象中，唯美的空氣中，」（註 25）。論者孫琴安在〈穆木天〉乙文的話，也可佐證：「為了追求這種「詩的世界」和「旋律的波」，他就專門尋找那些富有迷濛景象和朦朧意味的場面和事物，來進行描寫。雨絲、微風、鐘聲、白雲、落花、月廣、暮靄、輕煙、水波等，是他詩中經常出現的描寫物。」（註 26）。在另一文〈馮乃超〉回說：「一般說來，穆木天《旅心》中的詩都比較幽渺清淡」（註 27）。

　　總之，穆木天的詩集《旅心》和書信體理論〈譚詩——寄沫若的一封信〉的交集，給予讀者或創作者，有趣有意義的思索。

五、中國詩歌會與穆木天的散文

　　1931 年「九‧一八」事件後，穆木天離開家鄉，到上海，加入中國左翼作家聯盟。根據王訓昭選編《一代詩風 —— 中國詩歌會作品及評論選》的編輯〈前言〉，中國詩歌會是「左聯」直接領導下，由任鈞、穆木天、蒲風、楊騷等為發起人，於 1932 年 9 月在上海成立。第二年 1933 年 2 月創辦機關刊物《新詩歌》旬刊，此刊物到 1934 年底共出十期：旬刊四期、半月刊二期（第五期、第六七合期）、月刊四期。中國詩歌會成員約 200 餘位。詩人出版的詩集常被提到的有 30 餘本，其中可稱為中國詩歌會代表詩集有：蒲風的《六月流火》、任鈞的《戰歌》、楊騷的《鄉曲》、穆木天的《流亡者之歌》、柳倩的《自己的歌》、王亞平的《十二月的風》等（註 28）。

中國詩歌會《新詩歌》旬刊第一期（1933.02.11.），穆木天撰〈我們要唱新的詩歌〉做為「發刊詩」：

我們要唱新的詩歌　　穆木天

我們要唱新的詩歌，
歌頌這新的世紀。
朋友們！偉大的新世紀，
現在已經開始。

我們不憑弔歷史的殘骸，
因為那已成為過去。
我們要捉住現實，
歌唱新世紀的意識。

一二八的血未乾，
熱河的炮火已經燭天。
黃浦江上停著帝國主義軍艦，
吳淞口外花旗太陽旗日在飄翻。

千金寨的數萬礦工被活埋，
但是抗日義勇軍不願壓迫。
工人農人是越發地受剝削，
但是他們反帝熱情也越發高漲。

壓迫剝削，帝國主義的屠殺，
反帝，抗日，那一切民眾的高漲的情緒，
我們要歌唱這種矛盾和它的意義，
從這種矛盾中去創造偉大的世紀。

我們要用俗言俚語，
把這種矛盾寫成民謠小調鼓詞兒歌。
我們要使我們的詩歌成為大眾歌詞，
我們自己也成為大眾中的一個。

我們唱新的詩歌罷。
唱頌這偉大的世紀。
朋友們！我們一齊舞蹈歌唱罷，
這偉大的世紀的開始。

1932

　　作為文藝社團刊物的宣言，這樣的文詞，是戰火激起的現實行動，是革命文學的幡旗，是昂揚軍歌的嗓調，是詩歌大眾化現實的聲音。接著，穆木天 1934 年發表〈心境主義者文學〉，說「心境描寫的傾向，是世紀末精神的象徵。主要的，是因為作家沒有生活，是因為作家脫離了社會。脫離社會而生活著的作家，似乎除了玩味著自己的心境，輾轉反側地意淫著自己的空想，是別無辦法的。」（註 29）。詩人拒斥心境文學，拋開小我，融入社會生活。1935 年發表〈什麼是象徵主義？〉說：「象徵主義的詩人，是在短的期間完成了他們的神祕的世界彼岸的世界的創造，然

而，他們的創造，結果，是達到了暗夜般的空虛和幻滅。……這種迴光反照的文學，是退化的人群的最後的點金術的嘗試。……對於真實的文學的前途，大的幫助可以說沒有的。」（註30）。曾經著迷墜入法國象徵派的詩人穆木天，已經全然否定象徵主義拋離唯美頹廢派心思，朝背向而走了。

這時期，穆木天出版兩冊詩集：《流亡者之歌》（21 首詩，1937 年）和《新的旅途》（19 首詩，1942 年）。

王訓昭選編《一代詩風》選穆木天的詩七首：〈我們要唱新的詩歌〉、〈掃射〉、〈在哈拉巴嶺上〉、〈我們的詩〉、〈江村之夜〉、〈你們不用打了，我不是人啦〉、〈外國士兵之墓〉。一篇散文，兩篇為朋友詩集的題序（一文、一詩），一篇作詩的「一點意見」。以及穆木天女兒穆立立關於「吶喊詩」的文章。在這冊選集，也見到穆木天的散文〈秋日風景畫〉。〈秋日風景畫〉發表於《良友》第 82 期（1933.11.），收進散文集《秋日風景畫》。全文約 7000 字。分八節：靠回憶記錄生命中的幾處秋日，二節：童年家鄉，三節：少年天津衛，四節：日本京都吉田山上，五節：伊豆半島伊東町，六節天津墻子河畔，七節「九‧一八」事件前一年（1930）的吉林船廠，八節：「九‧一八」事件兩周年。二到六節，著筆較多情景的描寫較引人入勝。（註31）。

六、穆木天與兒童文學及譯詩

一個象徵主義唯美詩人會留意兒童文學，是很特殊的現象。對穆木天言，卻有跡可循。「我最初是讀希臘神話、北歐神話、安徒生、王爾德、葛林童話、愛爾蘭、英國等等。」（註 32）。

穆木天就讀日本三高，三高是醫校。當時的穆木天研究童話。郭沫若在《創造十年》裡回憶，說他：「一屋子裡都堆的是童話書籍。……我覺得他自己就好像是童話中人。他人矮，微微有點胖，圓都都的一個臉有點像黃色的蕃茄。他見人總是笑咪咪的，。……」實務上，穆木天尚未全心寫詩及介入法國文學前，最用力於童話閱讀，也翻譯出版，如《王爾德童話》（5 篇），上海泰東圖書局，1923.02.初版，1929.05.5 版。《蜜蜂》（法國，法郎士），上海泰東，1924.06.初版，1927.10.3 版，1930.04.4 版。考入大學後，1923年 6 月寫詩〈心欲〉2 首，以後收進詩集《旅心》。現擇其一，了解他當時的心理。

心　欲 其一

我願作一個小孩子
濯足江邊的沙汀
用一片歡愉的高笑
消盡胸中的幽情

我願作一個小孩子
泅在木排旁的水中
恣幾回的游泳
洗盡胸中的幽情

我願作一個小孩子
撐小舟順江流東行
吸滿腹的江風

刷盡胸中的幽情

　　四節文詞容有成人用語，卻重疊著複述「我願作一個小孩子」，表達了親水玩水的赤誠童心。即使在詩界文壇學術有了成就，穆木天仍關心兒童文學，後續尚有零散的推動與翻譯，例如1933 年翻譯〈朝鮮童謠兩首〉、1934 年 7 月發表〈兒童文藝〉，1951 年 5 月發表〈蘇聯兒童文學的翻譯〉，以及多部蘇聯兒童書刊，如《小仙鶴》（普利什文動物故事，1950 年）、《雪地上的命令》（1950 年）、《白房子》（瑞特柯夫，兒童故事，1950 年）、《伊萬和巫婆》（蒲拉托夫，民間故事，1950 年）、等。稱得上少數留意兒童文學的成名詩人。

　　穆木天的大學畢業論文為法國詩人〈阿爾貝・薩曼的詩歌〉，更有《法國文學史》的論著，自然會介入法國詩歌的翻譯，他的譯品譯筆仍受到欣賞。詩人彭燕郊談穆木天的譯詩，說：「第一個認真地從事翻譯雨果的詩的，要算穆木天了。一九三七年一月出版的《文學・新詩專號》上發表的他譯的〈懲罰〉，在當時應該說是譯詩中的一個大工程。……〈懲罰〉是約三百五十行的長詩。」（註 33）。又說：「就譯詩論譯詩，我比較喜歡穆譯。……讀穆譯，對我來說，更能感受到這是雨果的詩。」（註 34）。做為大量閱讀編輯譯詩的金質品味者，彭燕郊的講評提供了高度肯定。

　　關心蘇聯兒童文學，留意法國詩文學、沒有法國譯詩的單獨選本，倒是有蘇聯詩人庫列秀夫的長篇敘事詩《只有前進》（1952 年）、《琵琶》（1957 年）等。

七、詩選讀 5 首

這裡選《旅心》詩集四首詩：〈落花〉、〈雨絲〉、〈蒼白的鐘聲〉、〈獻詩〉，1925、1926 年作品，是穆木天成熟或象徵時期的詩作，另一首是第二階段之作：〈外國士兵之墓〉。

落　花　　穆木天

我願透著寂靜的朦朧　薄淡的浮紗
細聽著淅淅的細雨寂寂的在簷上激打
遙對著遠遠吹來的空虛中的噓欷的聲音
意識著一片一片的墜下的輕輕的白色的落花

落花掩住了蘚苔　幽徑　石塊　沉沙
落花吹送來白色的幽夢到寂靜的人家
落花倚著細雨的纖纖的柔腕虛虛的落下
落花印在我們唇上接吻的餘香　啊　不要驚醒了她

啊　不要驚醒了她　不要驚醒了落花
任她孤獨的飄蕩　飄蕩　飄蕩　飄蕩在
我們的心頭　眼裡　歌唱著　到處是人生的故家
啊　到底哪裡是人生的故家　啊　寂寂的聽著落花

妹妹　你願意罷　我們永久的透著朦朧的浮紗
細細的深嘗著白色的落花深深的墜下

你弱弱的傾依著我的胳膊　細細的聽歌唱著她
『不要忘了山巔　水涯　到處是你們的故鄉　到處你們是落花』
1925.06.09.

　　細雨中寂靜的朦朧，白色落花輕輕地飄墜，詩人舖陳著「雨中花」的幽緲情境。濛濛小雨一直下，片片落花飄散各地，「掩住掩住了蘚苔　幽徑　石塊　沉沙」，落花將「白色的幽夢到寂靜的人家」，看似實景，微帶虛幻。見到落花所到的「寂靜人家」，似乎竊喜「雨中花」覓得歸宿。落花到處有家，然而詩人「到底哪裡是人生的故家」？詩人為自身的駐點感歎，只得「寂寂的聽著落花」。

　　全詩安排寂靜的氣氛。落花凌過細雨。不斷重疊的雙語詞：淅淅的、寂寂的、遠遠、輕輕的、纖纖的、虛虛的、朦朧的、細細的、深深的、弱弱的……有的還出現兩次，都為了塑造韻律節拍的音樂效果。第二節三、四行，是這首詩的「詩眼」。全詩的氛圍也集中於此：「落花倚著細雨的纖纖的柔腕虛虛的落下／落花印在我們唇上接吻的餘香　啊　不要驚醒了她」。全詩在朦朧、暗示裡，充滿低迴纖細的餘韻。

　　王清波拿這首〈落花〉為例，和李金髮的詩句比較，說穆木天：「他極力避免李金髮用詞生僻，夾帶文言詞與外文詞以及不顧語法等造成語言艱澀的毛病，而是以淺近曉暢的文字創造意象和意境，並由此而造成朦朧與含蓄美，」（註35）。

雨　絲　　　穆木天

　　一縷一縷的心思

織進了纖纖的條條的雨絲
織進了淅淅的朦朧
織進了微動微動微動線線的烟絲

織進了遠遠的林梢
織進了漠漠冥冥點點零零參差的屋梢
織進了一條一條的電絃
織進了瀘瀘的吹來不知哪裡渺渺的音樂

織進了烟霧籠著的池塘
織進了睡蓮絲上一凝一凝的飄零的烟網
織進了無限的獸夢水裡的空想
織進了先年故事不知哪裡渺渺茫茫

織進了遙不見的山巔
織進了風聲雨聲打在那裡的林間
織進了永久的回旋寂動寂動遠遠的河灣
織進了不知是雲是水是空是實永遠的天邊

織進了今日先年都市農村永遠霧永遠烟
織進了無限的朦朧朦朧——先絃——
無限的澹淡無限的黃昏永久的點點
永久的飄飄永遠的影永遠的實永遠的虛線

無限的雨絲

　　無限的心絲

　　朦朧朦朧朦朧朦朧朦朧

　　纖纖的織進在無限朦朧之間

　　一縷一縷的心絲

　　纖纖的

　　織入

　　一條一條的

　　雨絲

　　之中間

（1925.12.28.中野）

　　〈雨絲〉全詩共 7 節，看似很繁複，重點是第一節前 2 行，這兩行又衍生第七節。簡單講，詩人的內裡心思和外景雨絲交纏，心思等與雨絲，雨絲如心思。心思，縷縷的／雨絲，條條的、纖纖的。這雨，不能滂沱大雨，只能毛毛細雨，這心思，綿綿細細。詩中間的數節，都在舖陳雨的世界，延伸成心思的廣瀚。

　　心思因雨絲也轉成心絲：「無限的雨絲／無限的心絲」。整首詩像繞口令一樣的打轉，卻沒有點出「心思」是什麼。心思，抽象，看不到的。雨絲，具象，有觸感，可感覺。二者交纏，仍無具體傳出「心思」的真相。但，整首詩就是不明講，永遠的飄蕩，無限的朦朧。作者處理的是氣氛，曖昧的氣氛，朦朧的氣氛。在〈雨絲〉之前，穆木天有〈水聲〉、〈雨後〉，都有類似的筆

調、氛圍。最似的大概是〈落花〉了。〈落花〉和〈雨絲〉兩首頗似假姊妹作。

　　穆木天〈雨絲〉寫於 1925 年，和戴望舒 1928 年成名詩〈雨巷〉比較。戴望舒的〈雨巷〉，有女子，有情節；穆木天的〈雨絲〉，僅氣氛，素描朦朧的氛圍，缺少「人」的遐想。兩首同樣語詞重複疊沓情韻迷迴旋蕩失意低沉。詩壇獨寵戴望舒的〈雨巷〉。忽視穆木天的〈雨絲〉，及其他作品，僅僅注意〈蒼白的鐘聲〉乙詩。穆、戴的「雨」詩，再加上朱湘的〈雨景〉，三位名詩人可同框共賞雨景。

　　趙景深編《現代詩選》（1934）只選〈雨絲〉一詩，在〈序〉裡，說穆木天：「他的〈雨絲〉使人讀了如聞淅淅零零的雨聲，實是一首聽覺的詩。」（註 36）。另，香港璧華編著《中國現代抒情詩一百首》，也只選〈雨絲〉，阿他的解讀：「這首詩寫在下雨的時候，纖纖條條的雨絲和一縷一縷的心思交織在一起，然後把林梢………農村……萬物都織進了，織成了無限朦朧朦朧的世界，一切都是那麼和諧，融化在一起。文中詞語很多重複，但讀了起來，並不覺得累贅，反而從視覺到聽覺都覺得很美，自己也化入了這朦朧之境中。詩人把飄揚在自然界裡的那一縷縷游線般的氣氛，那一點點嘆息似的情調捕捉到了，也傳達出來了。」（註37）。

蒼白的鐘聲　　　　穆木天

蒼白的　鐘聲　衰腐的　朦朧
疏散　玲瓏　荒涼的　濛濛的　穀中
——衰草　千重　萬重——

聽　永遠的　荒唐的　古鐘
聽　千聲　萬聲

古鐘　飄散　在水波之皎皎
古鐘　飄散　在灰綠的　白楊之梢
古鐘　飄散　在風聲之蕭蕭
──月影　逍遙　逍遙──
古鐘　飄散　在白雲之飄飄

一縷　一縷　的　腥香
水濱　枯草　荒徑的　近旁
──先年的悲哀　永久的　憧憬　新觴──
聽　一聲　一聲的　荒涼
從古鐘　飄蕩　飄蕩　不知哪裡　朦朧之鄉

古鐘　消散　人　絲動的　遊煙
古鐘　寂蟄　入　睡水的　微波　潺潺
古鐘　寂蟄　入　淡淡的　遠遠的　雲山
古鐘　飄流　入　茫茫　四海　之間
──暝暝的　先年　永遠的歡樂　辛酸

軟軟的　古鐘　飛蕩隨　月光之波
軟軟的　古鐘　緒緒的　人　帶帶之銀河
──呀　遠遠的　古鐘　反響　古鄉之歌
渺渺的　古鐘　反映出　故鄉之歌
遠遠的　古鐘　入　蒼茫之鄉　無何

聽　殘朽的　古鐘　在灰黃的　縠中
入　無限之　茫茫　散淡　玲瓏

枯葉　衰草　隨　呆呆之　北風
聽　千聲　萬聲——朦朧　朦朧——
荒唐　茫茫　敗廢的　永遠的　故鄉　之　鐘聲
聽　黃昏之深谷中

1926 年 1 月 2 日　東海道上

　　穆木天歸國前 1926 年，寫了四首詩，依時間序為：〈蒼白的鐘聲〉、〈朝之埠頭〉、〈猩紅的灰黯裡〉、〈雞鳴聲〉。以〈蒼白的鐘聲〉乙詩最被推崇。

　　這首詩的形式與內容傳遞出來的訊息，成了穆木天的獨特唯一的標籤，也算他的代表作。論述、探究小談穆木天的詩，絕不會錯過這首詩。先解題，標題：蒼白的鐘聲。鐘的聲音，屬聽覺。可大可小。些微小聲，或高或弱，宏亮或低沉。蒼白則屬顏色。兩者似乎沒有關係。全詩 6 節，從形式看，這首詩有 5 節，每節 5 行，沒有標點符號，每行詩句以切斷的音節分開組合，形成特殊的格律形式，因而趙景深將之列為「格律詩」。就內容簡單言，黃昏時，山谷傳來古鐘的悠揚鐘聲。詩人用重覆重疊的語詞，讓鐘聲一直迴蕩，整個氣氛籠罩在荒涼頹敗的感傷裡。6 節景象：山谷衰草、白楊樹梢蕭蕭風聲、水邊荒徑枯草、睡水微波、月光之波連到「銀河」，最後墜入故鄉的枯葉衰草。這些景象，讓古鐘的聲音穿梭遊蕩迴旋，既幽遠古紗，也讓深沉的憂傷積鬱難遣。

獻　詩　　穆木天
——獻給我的愛人麥道廣姑娘

我是一個永遠的旅人永遠步纖纖的灰白的路頭
永遠步纖纖的灰白的路頭在薄暮的灰黃的時候

我是一個永遠的旅人永遠聽寂寂的淡淡的心波
永遠聽寂寂的淡淡的心波在消散的茫茫的沉默

我心裡永遠飄著不住的滄桑我心裡永遠流著不住的交響
我心裡永遠殘存著層層的介殼我永遠在無言中寂蕩飄狂

妹妹這寂靜是我的心情妹妹這寂寞是我的心影
妹妹我們共同飄零妹妹唯有你知道我心裡是永遠的朦朧

　　這是一首題贈女友情侶愛人的情詩。1926 年，穆木天自日本畢業回國，任教廣東中山大學；9 月，與中山大學文科預科學生麥道廣熱戀，寫下此詩，副題：獻給我的愛人麥道廣姑娘，標誌日期 1926.12.10.與地點廣州，是見證。隔年初兩人同居。未久，卻分手。同年（1927）4 月，穆木天出版第一本詩集《旅心》。這首詩置放詩集最前頁，單獨一頁，副題與日期橫排，（雖然兩情不續）看似另有特殊意義。

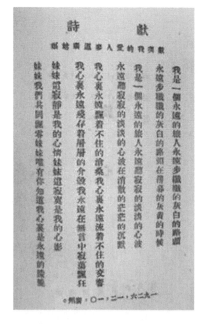

　　這樣的情詩，原本應該充滿期待與歡欣喜悅。但整個氣氛卻低沉沉悶。或許詩人（作者）本意不在求愛，而是渴盼女友了解

自己的性格情緒心懷，因而自我表白、剖白。首句「我是一個永遠的旅人」，有兩層意義，我是旅人，旅人居無定所，到處為安，不被拘束，不想落土定根。再加「永遠」，四節都出現「永遠」的如此肯定，更把流浪旅人的形象長遠化、模糊飄渺化。

　　作為一首象徵派的詩，這首詩的音樂性相當應稱。「纖纖的灰白的」、「薄暮的灰黃的」、「寂寂的淡淡的」、「消散的茫茫的」等等，彷彿低迴再三的迴旋曲，一直繞著耳際，無法瞬息消散。

　　整體來說，是前一首〈蒼白的鐘聲〉的延續作，在日本時、回國後，有著相同的心思情境：象徵主義者的頹靡心態。

外國士兵之墓　　　　穆木天

沒有人給你來送一朵鮮花，
沒有人向你來把淚灑，
你遠征越過了萬里重洋，
現在你只落了一堆黃沙。

你的將軍現在也許在晚宴，
也許擁著美姬們在狂歡，
誰會憶起這異國裡的荒墓？
只有北風在同你留戀。

故國裡也許有你的母親，
白髮蒼蒼，在街頭行乞，
可是在猩紅的英雄夢裡，

有誰想過這樣的母親和兒子。

現在，到了北風的夜裡，
你是不是後悔曾經來殺人？
那邊呢，是雜花絢爛的世界，
你這裡，是沒人掃問的枯墳。

1936 年 10 月 4 日，於虹橋公墓

　　詩人在上海虹橋公墓見到立有外國士兵的墳墓，興起同情的憐憫心。作者以類似自問自答的口氣，同情亡者。因為戰爭或它因，不得而知。葬身異地，總是不幸，有落土能安靈，還算幸運。

　　穆木天雖然出版三冊詩集，總數量未及 80 首（32＋21＋19，另有少量發表未集進詩集），比戴望舒略少。在整體中國新詩發展史不算重量級詩人。從 1930 年代以來，陸續編選出版詩選詩鑑賞辭典等，穆木天仍有一首或數首被留意。似乎僅聞一多編《現代詩鈔》，全然遺忘（忽略）穆木天。晚近，徐榮街與徐瑞岳主編的《古今中外朦朧詩鑑賞辭典》（中州古籍出版社 1990.11.）竟然選了五首：〈雨後〉、〈落花〉、〈雨絲〉、〈蒼白的鐘聲〉、〈薄暮的鄉村〉，均由孫晨作 600 至千字的賞讀。

八、結　語

　　整理中國象徵派的幾位詩人，不同於某些論者過度捧崇李金髮。在《詩潮與詩神：中國現代詩歌三十年》乙著，王清波談李金髮與穆木天有等篇幅 11 頁的專節論評，反而有點冷落了王獨

清。不過，他還是說「李金髮是一位有才華的詩人，他的詩充溢著創造精神」（註 38）。王清波論述的兩節標題，分別為：〈李金髮：帶著異越情菜的「詩怪」〉、〈穆木天：唯美外衣內的民族肝腸〉。他僅討論穆木天的第一詩集《旅心》。他很細心地找到即使是象徵派詩集的《旅心》，仍覺得現實意義，他舉《旅心》裡的〈雞鳴聲〉為例：「哪裡是家／哪裡是園？」此外，他說《旅心》的出版，「是以象徵派藝術抒寫一位 20 年代中國青年的情思的作品，在中國新詩為提高自身的藝術質量而廣泛吸取外來營養的時刻，這一嘗試便顯得重要和有意義了。」（註 39）。

1970 年代，莫渝接觸譯介法國詩的同時，收集早期研究者資料文獻，發現《創造月刊》登載穆木天的維尼及其詩歌，田漢在《少年中國》刊登波特萊爾百年祭，都非常興奮。穆木天的文章連同稍晚見到徐仲年的維尼，都想納入《維尼研究集》（構思、未出版）。更晚，得知他出版《法國文學史》，愈加感佩。1980 年代末，整理散文詩，注意到〈復活節〉乙作，收進《情願讓雨淋著 ── 散文詩選讀》（業強版，1991.09.）。

穆木天的詩寫作，從 1923 年起，至 1942 年出版《新的旅途》。1926 年的〈譚詩〉和《旅心》是頂峰期，也是明顯的分界線。簡單來說，就是從純文學到革命文學，從心境象徵到揮舞戰旗。依詩集言，從《旅心》轉到《流亡者之歌》（含《新的旅途》）。這段歲月約有 20 年，算算詩的總產量也許不夠驚人，但，他的文字書寫時程，持續了一輩子的經營。在今日回看，他的《旅心》詩集儼然「懸崖峭壁上的玫瑰花」，閃熠象徵之林的亮彩。他的各類譯書令人緬懷。

2019.04.15.-12.10.

附 註

註 1. 孫琴安著：《現代詩四十家風格論》上海社會科學院出版社，1987.09. 頁165。

註 2. 李展林著：《中國現代主義文學史論》，頁11。

註 3. 同上，頁8。

註 4. 夏爵蓉著：〈李金髮——將情思嵌入象徵的框架〉，《現代詩人風格論》，成都，四川大學出版社，1994.10.，頁78-94。

註 5.王澤龍《中國現代主義詩潮論》，（武漢）華中師範大學出版社，1995.10. 一版，頁65-106；2008.08.二版，頁57-91。

註 6. 林煥標著：《中國現代新詩的流變與建構》，（桂林）廣西師範大學出版社， 2000.12. ，頁142

註 7. 同上，頁136-142。

註 8.瘂弦著：《中國新詩研究》，（台北）洪範書店，1981.01.初版。頁99-103。

註 9. 楊允達：《李金髮評傳》，（台北）幼獅文化，1985.06.初版。

註 10.陳太勝著：《象徵主義與中國現代詩學》，北京大學出版社，2005.11.第1版， 頁68。

註 11. 同上，頁76。

註 12. 鍾敬文：《穆木天文學評論選集・序》，收進《穆木天文學評論選集》，頁1-4。

註 13. 同上，頁1-2。

註 14.穆木天：〈我的詩歌創作之回憶〉，收進《穆木天文學評論選集》，頁416。

註 15. 李江：〈七 穆木天〉，收進《創造社16家評傳》，頁180。

註 16.穆木天：《我的詩歌創作之回憶》，收進《穆木天文學評論選集》，頁411。

註 17.穆木天：《我的詩歌創作之回憶》，收進《穆木天文學評論選集》，頁418。

註 18.李江：〈七 穆木天〉，收進《創造社16家評傳》，頁171。

註 19.許霆：〈穆木天、王獨清：中國純詩運動的先驅者〉，收進《中國現代主義詩學論稿》著，頁44。

註 20. 同上。

註 21. 陳太勝：〈穆木天：象徵主義的詩學與浪漫主義的詩〉，收進《象徵主義與中國現代詩學》頁77。

註 22. 穆木天：〈我與文學〉，收進《穆木天文學評論選集》，頁428。

註 23. 穆木天：〈我的詩歌創作之回憶〉，收進《穆木天文學評論選集》，頁414。

註 24. 穆木天：〈我的詩歌創作之回憶〉，收進《穆木天文學評論選集》，頁419。

註 25. 同上。

註 26. 孫琴安：〈穆木天〉，收進孫琴安著《現代詩四十家風格論》，頁203。

註 27. 孫琴安：〈馮乃超〉，收進孫琴安著《現代詩四十家風格論》，頁212。

註 28.王訓昭選編《一代詩風 —— 中國詩歌會作品及評論選》的編輯〈前言〉，頁1-4。

註 29.穆木天：〈心境主義的文學〉，收進《穆木天文學評論選集》，頁366。

註 30. 穆木天：〈什麼是象徵主義？，收進《穆木天文學評論選集》，頁100。

註 31 王訓昭選編《一代詩風 —— 中國詩歌會作品及評論選》，頁261-269。

註 32. 穆木天:〈我與文學〉,收進《穆木天文學評論選集》,
　　　 頁 428。

註 33. 彭燕郊:〈譯詩 —— 一個讀者的回憶〉,收進彭燕郊著《紙
　　　 墨飄香》, 頁 226。

註 34. 同上註,頁 229。

註 35. 王清波 《詩潮與詩神:中國現代詩歌三十年》,頁 271。

註 36. 趙景深編《現代詩選》,頁 12。

註 37. 璧華編著《中國現代抒情詩一百首》,頁 56 -7

註 38. 王清波著《詩潮與詩神:中國現代詩歌三十年》,頁 265。

註 39. 同上,頁 267。

參考資料

穆木天詩集、文集

穆木天著:詩集《旅心》,(上海)創造社出版部,1927.04.。上海
　　　 書店影印,1989.06.。

穆木天著:詩集《流亡者之歌》,(上海)樂華圖書公司,1937.07.01.。

穆木天著:詩集《新的旅途》,(重慶)文座出版社,1942.09.。

《穆木天詩文集》,時代文藝出版社,1985.12.。

《穆木天詩選》,人民文學出版社,1987.04.。

周良沛編選:《穆木天卷》,長江文藝出版社,1988.08.〔中國新
　　　 詩庫‧第一輯〕

散文集

穆木天著:《秋日風景畫》,上海千秋出版社,1934.05.。收散文
　　　 兩篇:〈秋日風景畫〉、〈雪的回憶〉。

穆木天著:《平凡集》,上海新鐘書局,1936.03.。河北教育出版
　　　 社重新排印出版,1999. 文學評論、雜文、散文集。

穆木天著:《怎樣學習詩歌》,重慶生活書店,1938.09.初版;1940.01.
　　　 再版。

穆木天著：《法國文學史》，（上海）世界書局，1935.05.

陳　惇、劉象愚編選：《穆木天文學評論選集》，北京師範大學出版社，2000.12.

研究專書

瘂　弦著：《中國新詩研究》，（台北）洪範書店，1981.01.初版。

楊允達著：《李金髮評傳》，（台北）幼獅文化，1985.06.初版。

孫琴安著：《現代詩四十家風格論》上海社會科學院出版社，1987.09.

王清波著：《詩潮與詩神：中國現代詩歌三十年》，中國人民大學出版社，1989.07.。

李旦初著：《中國新詩流派》，太原：山西高校聯合出版社，1992.10.。

陳遠征著：《現代中國的詩人與詩派》，長沙：湖南師範大學出版社，1994.06.。

夏爵蓉著：《現代詩人風格論》，成都，四川大學出版社，1994.10.。

王澤龍著：《中國現代主義詩潮論》，（武漢）華中師範大學出版社，1995.10.一版，頁65-106；2008.08.二版，頁57-91。

王訓昭選編：《一代詩風 ── 中國詩歌會作品及評論選》，華東師範大學出版社，1996.03.

宋彬玉　張傲卉等著：《創造社16家評傳》，重慶出版社，1998.10.

李江：第七篇〈穆木天〉

林煥標著：《中國現代新詩的流變與建構》，（桂林）廣西師範大學出版社，2000.12.

李展林著：《中國現代主義文學史論》，北京，中國書籍出版社，2004.03.。

彭燕郊著：《紙墨飄香》，（長沙）岳麓書社，2005.03.。

許　霆著：《中國現代主義詩學論稿》上海文化出版社，2005.08.

陳太勝著：《象徵主義與中國現代詩學》，北京大學出版社，2005.11.第1版。

趙景深編：《現代詩選》北新書局。1934.05 笑我編：《現代新詩
　　選》，（上海）仿古書店發行，1937.03.四版，上海啟智書局
　　總代售。（香港）創作書社翻印。璧華編著《中國現代抒情詩
　　一百首》，（台北）木鐸出版社，1980.03.（原，香港，1977 年）

　　　穆木天詩集、譯詩。　　穆木天論著

王 獨 清（1898～1940）

　　談穆木天，一定要提王獨清。同為創造社後期詩人，穆木天極力推崇王獨清。

　　穆木天對郭沫若、徐志摩和王獨清三位詩人情有獨鍾，撰長文深度討論，分別為〈王獨清及其詩歌〉（1934.01.）、〈徐志摩論 ── 他的思想與藝術〉（1934.05.）、〈郭沫若的詩歌〉（1936.11.）。在〈徐志摩論〉，穆說：「如果說五四時代代表的詩人是郭沫若和王獨清和徐志摩的話，那麼代表初期的狂飆時代的，是小市民的流浪人的浪漫主義者郭沫若，代表末期的頹廢的空氣的是落難公子王獨清，而代表中間期的，則是新月詩派的最大的詩人徐志摩了。」

　　穆木天對王獨清的推崇，是詩壇大事，1926 年兩人〈譚詩〉和〈再譚詩〉的兩封書信體論文，更是詩壇重大文獻。王獨清喜歡在詩裡流露「浪人」的感懷，穆木天則以「旅人」自居。如此浪人旅人也隨身附著兩人詩風。

王獨清小傳及詩風

　　王獨清陝西長安人，生於沒落的封建官僚家庭。1913 年考進三秦公學學習英文。16 歲開始寫筆記式雜文和政論文章。後被《秦鏡日報》聘為總編輯。1915 年離家到上海。不久，東渡日本，開始接觸外國文學。兩年後返回上海。任《救國日報》編輯。1920 年（另一說：1916 年）至 1925 年冬，在法國、義大利、柏林、日內瓦等地浪遊，研究和考察歐洲古典建築

藝術等。在歐洲期間，與創造社郭沫若、鄭伯奇等有書信聯繫。1925 年底回國，1926 年去廣州，9 月任廣東中山文科學長。後任廣東大學文學院院長。同時經鄭伯奇介紹加入創造社，曾任理事，並主編《創造》月刊，成為該社後期主要詩人之一。1929 年 2 月創造社被查封後，同年 9 月轉任上海藝術大學教務長，1930 年主編《展開》月刊。1937 年抗戰爆發回鄉。1940 年 8 月 31 日過世。

　　王獨清著有詩集：《聖母像前》、《死前》（上海創造社，1927）、《威尼市》、《埃及人》（江南書店，1929），另有《獨清詩選》（上海新宇宙書店，1928.06.）、《獨清自選集》（上海樂華圖書公司，1933.09.），還有小說劇本，及翻譯《獨清譯詩集》等。（補記：簡單整理此文〈王獨清〉，竟然忽略曾經寫過的文章。1989 年夏，結識譯詩家上海錢春綺前輩後，他轉介紹多位文壇先進，及簽贈著譯書刊與手抄本，包括《獨清譯詩集》，雖是單薄小冊子，1994 年莫渝參考並完稿〈魏崙與王獨清〉乙文。事隔多年，忘記此手抄本《獨清譯詩集》置放何處，深感遺憾。但錢先生工整筆跡，歷歷在目）。

　　第一部詩集《聖母像前》，光華書店出版，1926 年出版，收〈聖母像前〉、〈醒後〉、〈我底苦心〉、〈此地不可以久留〉、〈我飄泊在巴黎街上〉等 26 首。詩集《聖母像前》的〈序詩〉第一節四行：「我是個性情很孤獨的人，／我不求諒解，我不求安慰……／但是我卻總是陪伴著悲哀，／這兒，就是我悲哀底殘骸。」詩集《威尼市》，上海樂華圖書公司，1828 年出版，1931 年再版。64 開 51 頁 10 首組詩 154 行。附王一榴木刻插畫十幅。

　　王獨清從法國回來，與穆木天相遇，相知相惜，在論述〈再譚詩 ── 寄給木天、伯奇〉裡說：「我最愛的法國詩人有四個：第一是拉馬丁，第二是魏爾倫，第三是蘭波，第四是拉費格。」最前位是浪漫派，後三位象徵派詩人。普遍對王獨清的認知，他是從浪漫派走進象徵派的寫作。且認

為王獨清較穆木天更具象徵派頹廢的極致，簡直就是「悲哀的詩人」。技巧上受象徵派影響，內容則浪漫主義色彩濃厚，蘊藏著頹廢哀傷氣氛，少理性的深思。

這裡選王獨清三首詩：〈玫瑰花〉、〈我從 Café 中出來〉、〈我飄泊在巴黎街上〉。

其實是兩首半，第三首詩不全（資料有限），算是第二首的陪襯，同樣有巴黎的影子。〈玫瑰花〉一詩是情詩。在水綠色的明燈下，女子將玫瑰花瓣送給情人，男人感受女子的款款深情。這對情侶因為玫瑰花的媒介，情愫激增。玫瑰花原本就是愛情的象徵，加上女子無語卻送禮的細膩暗示，男子亦感動花之芳魂香魄，更加憐惜。男情女愛，順水推舟，抵達情愛完美境地。玫瑰花真是催情花，促情媒！整首詩有情愛氣氛，卻短缺濃情蜜意的粉紅情調。王獨清在〈再譚詩〉乙文提出最完美的詩有一公式：（情+力）+（音+色）= 詩。情與力是作者的才氣學養天賦能力；音與色是後繼的添加物，音是韻律、節奏，色是顏彩、繪畫、色澤。簡單說，詩需有「音畫效果」。〈玫瑰花〉這首詩就是王獨清的詩學理論的實驗與實踐。〈我從 Café 中出來〉出自詩集《聖母像前》，這首詩是王獨清的代表作，必選之作。用單音、刻意分行，形塑低緩、醉態的感傷氛圍。嚴格來說，形式、音律、內涵近乎脫胎（學習、變奏或模仿）法國象徵派詩人魏崙的〈秋歌〉。

玫瑰花　　　王獨清

在這水綠色的燈下，我癡看著她，
我癡看著她淡黃的頭髮，
她深藍的眼睛，她蒼白的面頰，
啊，這迷人的水綠色的燈下！

她兩手掬了些謝了的玫瑰花瓣，

俯下頭兒去深深地親了幾遍，
隨後又捧著送到我面前，
並且教我，也像她一樣的捧著來放在口邊……

啊，玫瑰花！我暗暗地表示謝忱：
你把她的粉澤送近了我的顫唇，
你使我們倆底呼吸合葬在你芳魂之中，
你使我們倆在你底香骸內接吻！

啊，玫瑰花！我願握著你的香骸永遠不放，
好使我們底呼吸永遠和她的呼吸合葬，
—— 我願永遠伴隨著這水綠色的明燈，
我願永遠這樣坐在她底身邊！

我從 Café 中出來……　　　王獨清

我從 Café 中出來，
身上添了
中酒的
疲乏，
我不知道
向哪一處走去，纔是我底
暫時的住家……
啊，冷靜的街衢，
黃昏，細雨！

我從 Café 中出來，
在帶著醉
無言地
獨走，

我底心內
感著一種，要失了故國的
浪人底哀愁……
啊，冷靜的街衢，
黃昏，細雨！

我飄泊在巴黎街上　　　　王獨清

我飄泊在巴黎街上，
踐著夕陽淡淡的黃光。
但是沒有一個人知道
我心中很難治的痛瘡！

我飄泊在巴黎街上，
任風在我底耳旁，
我邁開我浪人的腳步，
踏過了一條條的石橋。

（前兩節）　　　　　　　　　2019. 12. 1

王獨清詩選、自選集

【附　錄】

魏崙與王獨清

　　王獨清，西元 1898 年 9 月 31 日出生於陝西長安。其家世顯赫，從明代至清末仕宦官僚之家，曾祖父甚至做到清朝的相國，在王獨清出生時，家道已中落。他在〈我文學生活的回顧〉文中，提到「我底家庭是破落的官僚家庭，古色古香的文學空氣非常濃厚……」因此，九歲時，便做詩與許多舊體裁的文學作品。十六歲，為了學費便在省報投稿，寫些筆記式的雜文和政治文章，因而，被《泰鏡日報》聘為總編輯；報館被政府查封後，1915 年離鄉到上海，隨後東渡日本，開始接觸外國文學，兩年後，返回上海，任《救國日報》編輯。大約 1919、20 年間到歐洲遊學，先後到過法國、義大利、柏林、日內瓦等，至 1925 年冬回國，隨即加入「創造社」，主編《創造月刊》，並擔任廣東大學文科學長。1929 年 2 月，「創造社」遭封閉，九月轉任上海藝術大學教務長，次年主編《展開》月刊，1937 年回到故鄉，1940 年 8 月 31 日病逝。

　　王獨清的文學活動，大約在二〇年代後期在巴黎開始，至三〇年代初，涉及詩創作、散文（包括傳記、雜文、論文）、戲劇、小說、翻譯（譯詩）五領域。不論稱譽「長安才子」，或嘲諷「落難公子」，都只是王獨清出身背景的初貌。穆木天在〈徐志摩論〉約略提到五四時期的三位代表詩人：初期屬郭沫若、中間期為徐志摩、末期則是王獨清。王獨清從舊文學出發，東渡日本又赴歐洲，他的新文學活動純然受到外國文學的洗禮，尤其是英法浪漫主義與象徵派詩歌的影響最深。他在 1926 年撰〈譚詩〉（收進《獨清文藝論集》，1932 年）書信評論文章，即自剖「我在法國所

有一切的詩人中，最愛四位詩人底作品：第一是 Lamartine，第二是
Verlaine，第三是 Rimbaud，第四是 Laforgue。」且，提及這四位詩人所表
現的特色分別是情、音、色、力。還強調他理想中最完美的詩是（情＋力）
＋（音＋色）≦詩。這四位，除首位拉馬丁（1790～1869）是浪漫主義詩
人外，餘三位均為象徵派詩人。王獨清更尊第四位拉佛格（1860～1887）
為精神的主宰，詩作〈最後的禮拜日〉即受拉佛格的影響。另外，第三位
韓波（1854～1891）散文詩集《在地獄中之一季》（1871 年）則影響了王
濁清的短篇散文，如〈人類底新紀元〉、〈明天禮讚〉、〈人道〉等。至
於排名第二的魏崙（1844～1896），他推崇最愛讀魏崙的〈秋歌〉，說明
「用很少的字數奏出合諧的音韻，我覺得才是最高的作品」，並引自己的
〈我從 Café 中出來〉一詩，以為對照。

　　儘管王獨清鍾愛並熟讀四位法國詩人，但見諸他的翻譯詩，就有不同
的層次了。王獨清有三冊譯詩集：《獨清譯詩集》（1929 年、1931 年）、
《新生》（但丁著，1934 年）、《新月集》（泰戈爾著，1935 年）。後
二書屬單人作品，第一書為「歐洲詩人選集」，初版 22 首，再版 23 首，
其中英國詩人 3 位 3 首，法國詩人有 6 位 11 首，居半。六位法國詩人分
別為洪薩（1524～1585）二首、女詩人戴波瓦摩（1786～1859）一首、米
勒瓦（1782～1816）一首、雨果（1802～1885）一首、繆塞（1810～1857）
一首、魏崙（王譯作魏爾冷）五首。就譯詩的數量言，可說厚愛魏崙了。
更早，他在法國捎信給鄭伯奇（1895～1979，創造社成員，與王獨清同鄉）
時，即有魏崙〈秋歌〉的譯詩（見《創造》季刊第一卷第二期，1922 年
8 月 25 日，或莫渝撰〈魏崙與田漢〉）。在《獨清譯詩集》內五首魏崙詩
歌是：我底眷屬夢、秋歌、無題（即白色的月）、感傷的幽會、窮牧童；
分別選自詩集《土星人詩集》（前二首）、《善良之歌》、《風流慶典集》、
《無言歌集》。這五首亦稱得上魏崙詩歌的代表作，是一般法國詩文選集
常選的作品，尤以中間三首為甚。

　　前面曾敘及王獨清自言最愛讀〈秋歌〉，收進《獨清譯詩集》時，又把初譯重新修飾過。茲將此兩種譯筆並列：

秋歌 初譯	**秋歌** 重譯
秋琴長嘆之音，	秋日提琴底長嘆的聲音，
傷我寂寥怯弱之心。	用疲倦的弱調，刺傷我心。
鐘鳴時一切暗澹而止息，	鐘鳴時一切暗澹而窒息，
我回思舊景而出涕；	我回思往日，我潸然出涕。
我去狂風中而為其所劫，	我置身劫我的狂風之中，
忽此忽彼，有如已死之葉。	好像死葉一樣，忽西忽東。

　　兩次的譯筆，大同小異，嚴格地講，重譯只是將初譯稍加修飾，並微微更動字序而已。就原詩意境言，均能捕捉那份感傷惆悵的憂思，唯偏離了原詩的形式排列，原詩三節，每節六行（王譯僅兩行，太過濃縮），在分行斷句短促中，加濃感傷氣份。

　　王獨清在那篇既是書信又是評論的〈譚詩〉，把自己詩作〈我從 Café 中出來〉與〈秋歌〉並列之後，一些詩評家也刻意將之結合討論了。早先，朱自清編《中國新文學大系・詩集》（1935 年 10 月）選王獨清詩作時，並無強調這種關係，甚至比大系稍早的《中華現代文學選・詩歌》（王梅痕編，上海中華書局，1935 年 3 月）僅選〈留別〉和長詩〈我歸來了，我底故國！〉兩首；直到聞一多編《現代詩鈔》(1940 年代)，選錄該詩和〈月光〉兩篇，再經覃子豪於五〇年代在台灣編印《中華文藝函授學校講義・新詩選讀》選入，並按語該詩頗有魏崙〈秋歌〉的情調，由於當時文藝風氣不夠寬闊，王獨清作品僅少數流傳，這兩首又經詩評家周伯乃的解說，進一步指陳「我們不但發現王獨清的〈我從 Café 中出來〉一詩，在技巧上是模仿〈秋之歌〉，就是形式上，音樂的節奏上，也是儘可能模倣的。」（見周伯乃著《中國新詩之回顧》頁 130，廣文書局，1969 年）。

王獨清此詩原作如下：

我從 Café 中出來……

我從 Café 中出來，
身上添了
中酒的
疲乏，
我不知道

向哪一處走去，才是我底
暫時的住家……
啊，冷靜的街衢，
黃昏，細雨！

我從 Café 中出來，
在帶著醉
無言地
獨走，
我底心內

感著一種要失去了故國的
浪人底哀愁……
啊！冷靜的街衢，
黃昏，細雨。

這首詩分二節，首尾詩句相同，詩人帶著醉意走出咖啡館，投入黃昏雨淒冷的街道，油然發出迷惘、孤獨、哀愁的情緒，這股無根的流浪情緒，

與其說衍自〈秋歌〉，不如說是詩人自身散發的。王獨清詩歌具有兩種特質：沒落貴族的浪漫情懷與頹廢派象徵詩人的自我沈迷，他所吟哦的，不論長篇，如〈威尼斯市〉、〈動身歸國的時候〉、〈我歸來了，我底故國！〉、〈吊羅馬〉等，或抒情短詩，如〈玫瑰花〉、〈月光〉與此詩等，都表現「浪人的哀愁」，與世疏離，無端的怨嘆，〈我飄泊在巴黎街上〉也如此，請看這首詩前二節：

> 我飄泊在巴黎街上，
> 踐著夕陽淡淡的黃光。
> 但是沒有一個人知道，
> 我心中很難治的痛瘡！
>
> 我飄泊在巴黎街上，
> 任風在我底耳旁，
> 我邁開我浪人的腳步，
> 踏過了一條條的石巷。

　　一位飄泊異國的落魄文人，接觸魏崙《土星人詩集》（土星人，有憂鬱、感傷之意；依西洋占星術，言受土星影響下出生者均有這類傾向），自然一拍即合，鍾愛不已，彷彿覓得前世知音，因而，我們不能刻意肯定王獨清的〈我從 Café 中出來〉一詩和〈秋歌〉具情調的吻合，即有模仿之意。倒是王獨清另首〈三年之後〉，部分意象有借用魏崙同題詩之嫌。魏崙的〈三年之後〉也是《土星人詩集》內的作品，敘述詩人走進一座小花園，景物依舊，一切未變，認得從前的鳥禽與植物及雕像；王獨清在詩裡，走進一座莊園，「一切都未曾改變，未曾改變！」景物依舊，詩人的心態在經過「三年的光陰」卻變成「一個放蕩的，無希望的人」，結尾，哀嘆「其實不過是三年的光陰，三年的光陰」詩人一再惋惜歲月的捉弄，

有「人面不知何處去，桃花依舊笑春風」的扼腕。自然，王獨清的〈三年之後〉雖摻入魏崙的些微影子，還能傳達他個人一向感傷的詩風。另外，在小說〈三年以後〉，王獨清似乎把簡鍊的詩情，擴展成類似拉馬丁的長詩〈湖〉、小說《葛萊齊拉》與繆塞的長詩〈綠西〉那種濃烈的戀情，唯一的差別是小說並未出現悲劇的結尾，作者以第一人稱自述回到三年前居停的莊園，受到主人和年輕姑娘的禮遇，中間穿插著回憶當年和少女的情誼，及兩人共吟繆塞的〈綠西〉的景況。

比較上，可以看到魏崙〈秋歌〉在形式給予的影響，應該是〈但丁故鄉斷章〉第二首，此詩共兩首，形式互異，第二首每行三字，且再三重複，試看前五行：

　　鐘聲蕩，
　　婀惱河
　　鐘聲蕩，
　　老橋背
　　蒼黃像。

如此短促的音節，可從田漢的譯詩，覓得相同手法。

法國象徵派的幾位大師，魏崙的作品最富音樂性，王獨清由此習得節奏要領；比起李金髮的詰屈聱牙，王獨清的詩算是琅琅上口，若遭人詬病，該屬他濃厚的頹廢感傷氣氛，這個缺點卻是他的詩風。

附　記：

王獨清的詩歌，雖然曾獨領風騷，遺憾的是他逝世後迄今，未有較完整的詩全集出版，僅能從某些選集欣賞固定的十來首。本文的撰寫，感謝

兩位中國友人，南寧翁撒該先生由圖書館借得《獨清譯詩集》，上海錢春綺先生手抄全書，供筆者參考、珍存，這情誼，銘刻心版。

　　　　－1994 年 2 月初稿。
　　　　－收進莫渝著《暗夜的星芒》(1994 年 6 月)。
　　　　－收進莫渝著《法國文學筆記》(2000 年 11 月)。

常綠的喬木

—— 吳奔星初論

睥睨自信的青年詩人

　　1940 年 2 月，青年詩人吳奔星發表〈新詩略論〉乙文刊登於桂林《逸史》半月刊第 9 期，在這篇約 3000 字文章，作者將中國新詩發展 1917 至 1937 年二十年，簡略歸納兩個時期多派別，第一期嘗試派的嘗試期：1917 年胡適出版《嘗試集》至 1926 年五卅慘案，亦稱民國詩的孩提時代。第二期，民國詩的少年時代，從 1927 年至 1937 年七七蘆溝橋事變，這十年間詩人群起翹楚者為徐志摩李金髮郭沫若等三人，三人詩風淵源分別領軍三派：徐志摩英美詩風派、李金髮法國詩風派，郭沫若日德詩風派。作者又言李派演變為意象派，意象派先有戴望舒等人的現代派，續有吳奔星李章伯等人的小雅派。（註 1）小雅詩派指吳奔星李章伯，於 1936、37 年間創辦《小雅》詩刊，共出刊 6 期的作者群。換句話說，作者將自己也歸屬法國詩風派（現代派的小支）。

　　這篇派別論文章發表後五個月，作者有一首詩〈誕辰自賀〉：「後有秋之竊嘆／前有春之歡呼／年齡的齒輪／轉了二十八個圈子／／秋　輕淡地／在額上畫幾筆微皺的秋水／在唇之上下／在腮之左右／並淺飾秋草秋花／而春則在／我的心爐／燃起熊熊的火／我的脈管／注射騰騰的血／而我的四肢／尤其是常綠的喬木／／明天——／我將以秋之面貌／

春之手足／度越更多的陌生的關山」（註2）。這首生日詩，既自賀也隱含自許。作者出生於 6 月 30 日，時序為夏，介於春秋之間。詩內，不言夏，直取前春後秋烘托，暗將夏的特徵藏於「燃起熊熊的火」、「騰騰的血」、「常綠的喬木」意象內，這三組意象既是季節徵候，也是作者的青春姿態。

或許可以這麼說，1940 年，28 歲的吳奔星以〈新詩略論〉乙文月旦詩壇，復以〈誕辰自賀〉乙詩自我期許：一棵常綠的喬木。常綠，是繁茂，是希望，

一副睥睨自信的神情，對照 1940 年吳奔星的整年詩創作量共 31 首，是他寫作第二高峰期。而常綠，希望，也是他自始的心意；1934 年的詩〈希望〉言：「啊！我為著尋求一線希望，／年年在天涯海角飄蕩！」（註3）。再就〈誕辰自賀〉乙詩末段言：度越更多的陌生的關山。同是關山，幾年前，1936 年的〈憶〉，後二段：「夢裡的關山：／似聞豐腴的跣足／濯清流之急湍／汩汩而歌 —— ／是酸棗黃熟的呼喚麼？／／華年之邊緣／已受風霜的剝蝕，／只恐滿地之清陰，／亦織有穿梭之夕照了。」（註4）年輕時，感受風霜剝蝕夕照穿梭；較長，要闖越更多的關山。兩相對比，心境不一，一陰一朗，更顯現 1940 年的英姿煥發。還得補充，1936 年的吳奔星亦非泛泛之輩，這一年的 6 月，他開始主編《小雅》詩刊。

吳奔星的出現及《小雅》詩刊的意義

1913 年出生於湖南安化縣，「1933 年夏考入國立北平師範大學國文系，曾得到文學院長黎錦熙和胡適的支助和指導。他才華出眾，勤於寫作，」（註5）1934 年寫作發表新詩，至 1937 年五年間，也是他詩創作的出發及第一高峰期。1934 年發表新詩，整年創作 24 首，數量不算少，詩味亦無青澀。懷人的〈晚霞裡〉有很清新的意象：「記憶是一朵薔薇，／欣賞了她的美麗，／只是刺傷了心底！」這年歲末所寫的〈吊詩人——為朱湘

先生逝世週年紀念而作〉，稱得上吳奔星踏入詩壇的第一記響聲，有不凡的意義。其一，初啼試筆的青年詩人，向前行詩人致意懷思，其二，吳奔星並非詩壇門外漢或懵懂無知，其三，整首詩流露青年詩人的悲惋傷情與期盼水底詩人獲得美的歸宿。前者悲挽詩人離開後「這一年，人間是寂寞的，／寂寞得像嚴冬的深夜一樣：／花不把艷色顯露，／草也不把纖腰搖蕩；／她們低著頭，悄悄地／懷著默然的愁悵！」（註6）另一方面，則盼望能覓得「海龍王女公子的懷抱」和「微笑得鮫人」。這篇連隔年的〈紀念詩人方瑋德先生〉，朱方二位均為新月派詩人，徐志摩的新月詩人群是中國新詩第二期引領詩壇的重要成員與集團，吳奔星自然有耳聞且閱讀其詩文學。這樣的認知與感懷，

　　加上前述1940年的派別論文章，預伏了1980年發表論文〈試論新月詩派〉，開創了詩文學流派研究之先河。

　　《小雅》詩刊的印行是校園詩人的課外作業，為詩壇推動現代意識的另一進展，是戴望舒等人現代派的媲鄰。類似1940年代西南聯大穆旦等學生群（往後被稱為「九葉派」的詩人群）第二波現代主義接受與洗禮的衝擊。這兩個年代的青年詩人他們都從校園點燈發亮。《小雅》詩刊於1936年6月創刊，至1937年4月停刊，是當時北平唯一的詩刊；雖僅6期，卻網羅了南北重要詩人在詩刊上發表作品，包括戴望舒、施蟄存、李金髮、林庚、羅念生、柳無忌、陳殘雲、吳興華、李長之、李白鳳、錫金、路易士、常白、史衛斯、侯汝華等，名家發表不為奇，《小雅》詩刊可貴的是，主事者北平師範大學國文系學生吳奔星及同學李章伯兩位。吳李兩位奔放的校園詩人，施展詩的星圖，既挹注詩壇新活水，也奠基自己的創作能量，功不可歿。

由詩人轉轍學者、主編

　　1940 年吳奔星的詩創作達到另一高峰，隨後，創作減微，1948 年的〈家鄉來的人〉之後，未見佳作。1950 年代起，吳奔星不再是新詩的創作者，但詩業持續。他轉行學者、舊詩（傳統詩）作者，仍是詩隊伍的夥伴。1980 年代後，學者同時編選詩，是認真的詩讀者、評者、研究者。先是《現代抒情詩選講》（與徐榮街合著）、主編《當代抒情詩拔萃》（1987 年，灕江出版社），主編第一部《中國新詩鑑賞大辭典》（1988 年，江蘇文藝出版社），以及論著《中國現代詩人論》（1988 年，陝西人民出版社）等詩歌研究書刊，比起同類書刊同時期學者，吳奔星的作業算是前行者。因為他是 1930 年代詩壇的見證人、參與者、創作者、活動者，與現代派戴望舒摯友施蟄存並肩平坐，唯施老晚年遠離新詩（現代詩）。

吳奔星先生

　　就詩的位置，吳奔星詩人定位在 1930、40 年代。《暮靄與春焰：吳奔星現代詩鈔》乙書的詩，1930 年代約 154 首，1940 年代約 54 首，合計 208 首。大體以抒情為主，另有少量跟時局抗戰有關之作、以及排斥文明的詩。排斥文明者以〈都市是

死海〉為代表，作者似有偏愛曾以此詩題當詩集書名出版。在李旦初《中國新詩流派》裡，將吳奔星歸入「現代詩派」，選其代表作品也是〈都市是死海〉（註7）。這種排拒絕都會現象，是否與京派海派文學的涇渭分明現象有關，尚須進一步探究。倒是他的抒情詩可讀性、感動力都強，值得細細品味，底下列舉十首備忘，1934 年：〈帽子〉、〈桃花之怨〉、〈南國之雲〉，1935 年：〈廢宅〉、〈石榴花〉、〈山徑〉，1936 年：〈我沿山澗以彳亍〉、〈黃昏的眼〉，1937 年：〈我的夢〉，1939 年：〈澗之歌〉。

【附註】

註 1.參閱吳奔星〈新詩略論〉，收進吳奔星著吳心海編《暮靄與春焰：吳奔星現代詩鈔》，頁 384-388。 昆崙出版社，2012 年 6 月第 1 版。

註 2.同上，頁 241。

註 3.同上，頁 007。

註 4.同上，頁 131-132。

註 5.同上，頁 2，①。

註 6.同上，頁 36-37。

註 7.李旦初《中國新詩流派》，頁 105。（太原）山西高校聯合出版社，1992 年 10 月第 1 版第 1 刷。

2017.07.05.

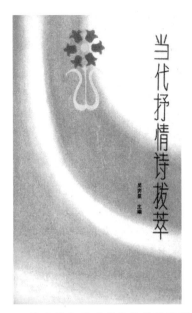

吳奔星主編《當代抒情詩拔萃》

《暮靄與春焰：吳奔星現代詩鈔》

吳奔星著《詩美鑑賞學》

吳奔星、徐榮街《現代抒情詩選講》

盈盈的溫柔的凝視

——陳敬容 75917-1989）小論

一、九葉詩人群的出現

1981 年 7 月江蘇人民出版社推出《九葉集》，副標題：四十年代九人詩選。很快激起迴響，包括以衡〈讀九葉〉（《詩探索》，1982 年）。1984 年 11 月，香港三聯書店續出《八葉集》，短少杭約赫（因為詩人轉為美術裝幀設計插畫家曹辛之，極少創作新詩）。第一書 1940 年代作品選，由最年輕的九葉詩人學者袁可嘉寫序，開端即說明「這個詩集是本世紀四十年代（主要是一九四五 —— 一九四九年）國民黨統治區九個較年輕的詩人作品的選集。」（註 1），此書在 2000 年 7 月由作家出版社新印，列入「百年百種優秀中國文學圖書」；後一書 1950 年代後作品選，海外學者木令耆寫序。兩本選集，正好浮現九葉詩人群兩個不同時期的詩文學貌樣。此後，「九葉派」順勢成為中國新詩發展史的一個重要文學團體與文學流派，呼應著「七月派」。九葉詩人在 1940 年代活動時，有兩個據點，前期在西南聯合大學的昆明，後期在戰後的上海，因此，張同道的博士論文《探險的風旗：論 20 世紀中國現代主義思潮》（安徽教育版，1998）乙書就分兩章討論：昆明，一個神話的誕生 —— 西南聯大詩人群、嚴肅的星辰 —— 上海詩人群。也有學者以他們在上海的詩刊《詩創造》、《中國新詩》，稱呼為「中國新詩派」；陳旭光博士論文《中西詩學的會通：20

世紀中國現代主義詩學研究》（北京大學版，2002）乙書即以此稱之。普
遍還是以「九葉派」為名。

　　九葉詩人九個人依出生年排序：辛笛（1912-2004）、陳敬容
（1917-1989）、杭約赫（1917-1995）、杜運燮（1918-2002）、穆旦
（1918-1977）、鄭敏（1920-）、唐祈（1920-1990）、唐湜（1920-2005）、
袁可嘉（1921-2008）。他們當初的學歷，辛笛最長，1935 年畢畢於清華
大學外文系，畢業於西南聯大的有：穆旦（外文系，1940）、唐祈（歷史
系，1942）、鄭敏（哲學系，1943）、杜運燮（外語系，1945）、袁可嘉
（外文系，1946）。九人中，有兩位女性：陳敬容和鄭敏。陳敬容靠自學
自習，站立詩壇舞台。

二、陳敬容簡介

　　陳敬容出生於封建舊式大家庭，祖父是秀才，父親是軍人卻不反對讀
書，家族裡也有從商。倒是祖母不識字，最反對讀書。偏偏，陳敬容「童
年時，自從開始愛好文藝，多少年來，我總是偷偷地讀著書，」在散文〈偷
讀〉乙文，她這麼起手式，接著，提到祖母的態度：「她總是憤憤地說道：
『讀了書做女王嗎？……我不讀書也活了一輩子！』」（註 2）不必然要
成王，成女王，陳敬容卻成為中國新詩壇令人仰瞻的女詩人！

　　陳敬容，原名陳懿範，原籍四川樂山，1917 年 9 月 2 日出生。1932
年春讀初中時開始學習寫詩。1934 年底前往北京自學中外文學，並在北
京大學和清華大學中文系旁聽。第一首詩〈十月〉作於 1935 年春，1936
年在上海《聯合日報晚刊》上發表。1938 年在成都參加中華全國文藝界
抗敵協會。1945 年在重慶當過小學教師，1946 年到上海，擔任詩刊《詩
創造》與「森林詩叢」的編委，有創作、評論和翻譯。1948 年參與創辦
《中國新詩》月刊，任編委。1949 年在華北大學學習，同年底任職最高
人民檢查署政法工作。1956 年轉任《世界文學》編輯，1973 年退休，1982

年改離休，1989 年 11 月 8 日往生。

　　比陳敬容大數歲的民國才女蕭紅（1911-1942），常被提及身邊的三個男性。陳敬容生命中也出現三個男人：曹葆華、沙蕾、蔣天佐，都跟她的文學寫作與活動有親密關聯。1932 年秋，清華大學外語系畢業的青年詩人曹葆華回四川樂山家，臨時任教樂山女中。學生陳敬容心儀曹葆華的文學才識與才華，隔年初夏，決定與曹葆華一起離鄉赴北平，遭家人阻留。1934 年底，真正隻身離開四川投入北平，在北大、清華大學旁聽，參與北平文學界的活動聚會，開始詩文寫作。1936 年夏，曹葆華研究所畢業，成為曹葆華助手與伴侶。1937 年 7 月，對日抗戰爆發，兩人返回成都。1939 年夏，陳敬容在重慶結識回族詩人沙蕾。隔年，因故與曹葆華分手，跟沙蕾奔赴西北。西北生活單調、閉塞、困苦。1944 年獨自離開甘肅，回到重慶，擔任教員、編輯等工作。1946 年到上海，結識上海地下黨文委委員蔣天佐，也是文學理論家，兩人於 1948 年結婚，為此，陳敬容關心且創作政治詩。1957 年，家庭發生變故，陳敬容獨自撫養孩子及工作。陳敬容從 1935 年第一首詩起，投入寫作，1945 年夏天前後數月，詩風轉變，詩作如泉湧，至 1948 年中共建國前，是創作的高峰期。這時期，她出版了詩集《盈盈集》（寫作時間順序應為第一部詩集，1945 年集稿，1948 年冬由上海文化生活出版社）、《交響集》（1947 年，上海，列入「森林詩叢」），散文集《星雨集》（1946 年，上海文化生活出版社）。1949 至 1979 年有 30 年的寫作空窗期。1980 年代後，出版新詩集《老去的是時間》（1983 年，黑龍江人民版），以及舊作舊譯的整理，如詩與散文合集《陳敬容選集》（1983 年，成都，四川人民版），散文詩集《遠帆集》（1984 年，廣州，花城版），譯詩選集《圖像與花朵》（1984 年，長沙，湖南人民版）等。往生後，杜運燮藍棣之合編《新鮮的焦渴：陳敬容詩選》（2000 年，北京，人民文學版），集錄 150 首詩。2008 年復旦大學出版社出版《陳敬容詩文集》，計 741 頁。

三、陳敬容詩藝

依寫作時序，陳敬容的詩大致可分四階段：初期純色輕柔 1935-1944 年、第二期盈明晶澈 1945 年創作豐碩的一年、第三期繽紛鮮妍 1946-1948 年、第四期沉穩慧霞 1979 年之後的睿智之光。底下，各取抽樣詩作小論之。

初期，純色輕柔 1935-1939 年。

寫於 1935 年春發表的第一首詩〈十月〉：「紙窗外風竹切切：／『峨眉，峨眉／古幽靈之穴。』／／是誰，在竹筏上／撫著橫笛，／吹山頭白雪如皓月」，望月思鄉，似乎是遊子浪跡異地的無捨元素。兩節六行的小詩，傳敘青春少女憶鄉情懷。1937 年的〈斷章〉，與卞之琳同題（註 3），少了卞的哲理推想，增添自我寫照：

> 我愛長長的靜靜的日子，
> 白晝的陽光，夜晚的燈，
> 我愛單色紙筆，單色衣履，
> 我愛單色的和寥落的生。

短詩表現集中、單一，聚焦明確，不會模稜兩可。傳達詩人初始單純淨潔的心思：安靜、單色、寥落生活的安頓。這時期另一詩作〈哲人與貓〉，1937 年作品，延續〈斷章〉的簡潔，鋪陳與外界互動的期許：

哲人與貓

雨
鎖住了黃昏的窗

讓白日靜靜地凋殘吧，
我的石室冷而寂寥，
雨如細珠輕滾著屋瓦。

來呵，貓兒，溫靜的友伴，
來伏在我胸前，讓我拍著你，
聽我心的湖水還波動著嗎，
和著雨，斜斜的秋夜雨。

可是我的燈呢，燈呢，
我要一盞青色的燈
青色而明淨，如夜中星點；
石室染上黃昏的顏色了，
不怕迷失嗎，貓兒，
瞧雨在窗上做了疏斜的簾幕。

來呵，這兒我找到你的雙瞳，
恰像是兩粒青色燈焰，
青色而明淨，如夜中星點，
射著我，用你溫柔的凝視；
我的眼中滿貯著疑慮吧，
因為雨，因為黃昏。

讓幻想帶著離奇的幽香，
在屋角撲搖著羽翅……
搖出夜：白的月，
藍色的安息……

　　去吧，貓兒，同著我
　　和我的影子，去月色鋪下的
　　水晶舞場，在碧潤草原上，
　　林木靜靜舞蹈著，
　　時光踏著無聲的拍子。

　　　1937 年秋於成都。

　　輕柔似貓咪的純色主義者，有了傾訴對象。哲人即詩人本尊，貓為密友、知音。詩人對密友知音無所不語。初期的詩風與被文壇認知，大致就是如此。唯，年輕單純的生命生活體驗，仍有現實的憂慮攪擾與困頓，因而，會有迷失與感歎：「我將怎樣尋找／我失落的嘆息？」、「我獨自迷失於／無盡的黃昏」（〈窗〉，1939 年）。

第二期，盈明晶澈 1945 年。

　　詩集《盈盈集》第三輯「向明天瞭望」即全是 1945 年寫作，計 26 首，連第二輯「橫過夜」有 6 首同年度之作，整個 1945 年就有 32 首，是創作豐碩的一年。〈自畫像〉有四首的組詩，歌唱自己的本性，詮釋第 2 人稱「你」，即我的性情。第一首「你是一支溫婉的燭火，在寂靜中灼燃」；第二首，你溫柔地彈「生命的高個歌」；第三首，唱「一支溫婉的戀歌」，既愛生命，「連痛苦也愛」。〈自畫像〉是詩人的「自我之歌」。這一年代表作算是〈新鮮的焦渴〉：

新鮮的焦渴

　　我懷念你們，一些
　　永不複來的時光；
　　因為在懷念中

秋雨也溫暖，
烏雲的顏色也很淡。

但是我更加懷念
不可知的未來的日子；
在希望中黃昏永遠像黎明，
有陽光，有飛鳥，
有輕風拂樹的微顫。

我掬飲過很多種泉水，
很多，很多，但它們
沒有將我的焦渴沖淡，
從江河到江河，
從海洋到海洋⋯⋯
我不知道哪一天
才能找到生命的豐滿。

我焦渴著。通過了
多少歡樂，多少憂患，
我的靈魂不安地熾燃；
我厭倦今日，
厭倦剛剛逝去的瞬間⋯⋯
甚至連我的焦渴我也要厭倦，
假若它已經不夠新鮮。

　　　1945 年 5 月 13 日於盤溪

「我的靈魂不安地熾燃」，不安定的靈魂，「對新鮮的渴望」是情感波折的感歎，也是本性使然，求新求變求陌生，而有厭舊除俗的閃念。

第三期，繽紛鮮妍 1946-1948 年。

延續 1945 年的新生，詩的腳程穩健潔爽，有力的步伐邁向「一個全新的世界」（詩〈珠和覓珠人〉）。

力的前奏

歌者蓄滿了聲音
在一瞬的震顫中凝神
舞者為一個姿勢
拼聚了一生的呼吸
天空的雲、地上的海洋
在大風暴來到之前
有著可怕的寂靜
全人類的熱情匯合交融
在痛苦的掙扎裡守候
一個共同的黎明

　　　　1947

1948 年秋，陳敬容離滬。這一年的春夏，陳敬容寫了 7 首詩：〈英雄的沉默〉、〈叛逆〉、〈抗辯〉、〈題羅丹作春〉、〈放歌〉、〈珠和覓珠人〉、〈出發〉，後三首是夏天之作。〈珠和覓珠人〉有著深一層的隱喻。先是蚌珠成形前的苦待，成珠後，又一階段的等待。千里馬與伯樂的關係，琴人與知音的關係，都在這首詩再檢驗。

珠和覓珠人

珠在蚌裡，它有一個期待

它知道最高的幸福就是

給予，不是苦苦的沉埋

許多天的陽光，許多夜的月光

還有不時的風雨掀起巨浪

這一切它早已收受

在它的成長中，變作了它的

所有。在密合的蚌殼裡

它傾聽四方的腳步

有的急促，有的躊躇

紛紛逕逕的那些腳步

走過了，它緊斂住自己的

光，不在適當的時候閃露

然而它有一個期待

它知道覓珠人正從哪一方向

帶著怎樣的真摯和熱望

向它走來；那時它便要揭起

隱秘的紗網，莊嚴地向生命

展開，投入一個全新的世界。

　　蚌珠有一個等待，等待覓珠人帶著真摯與熱望向珠走來，「那時它將要揭起／隱蔽的紗網，莊嚴地向生命／展開，投進一個全新的世界。在討論〈珠和覓珠人〉，袁可嘉將之和戴望舒的〈尋夢人〉比較。稱兩首詩「都是精品」，是「新詩寶庫中兩顆熠熠發光的名珠」（註4）。甚至稱譽為「中國現代最抒情的女詩人，也是創作時間跨度最大，藝術生命最長中國現代女詩人。」唐湜稱1945、46年間的敬容，是「我們最抒情的詩人」

（註5），在該論末了，再次肯定：「她該是中國包括男性詩人在內的詩人中最抒情的詩人。」（註6）。呼應著魯迅曾在《中國新文學大系·小說二集》說馮至是「中國最傑出的抒情詩人」。

第四期，沉穩慧霞 1979 年之後的睿智之光。

1949 年至 1979 年約有 30 年是陳敬容詩創作的空白期。1979 年，她恢復了寫作能量的起始，1979 年的〈爬山去吧〉：「生命的長河／奔流不息／激蕩不止／有多少愛、多少恨／就該有多少／閃光的詩」。1981 年與青年詩人交流，給予的建議：〈生活與火焰〉：「祝願歌唱的精靈年／朝朝為你們拍動翅膀／願你們奮力跋涉的路上／沙塵裡也能有鮮花開放／願撫慰的風，啟明的星／在每個青色拂曉／驅散暗夜中凝聚的黑」充滿鼓勵之語。1984 年〈香溪·鈕帶〉，大概有感於年輕時流浪流動的心情，發出對「家」的新詮釋：「無論你去到何方／那裡也就是故鄉／也就是家」。

陳敬容第四期代表作當推舉〈核的聚集〉乙詩，1979 年作品。核爆裂，驚怖可怕，詩人著眼於小粒子合攏聚沙成塔的龐大能量，詩人說：「讓天宇下永遠／沐浴明亮的陽光」光，亮光是陳敬容詩的高度哲理！

四、結　語

1945 年〈自畫像〉裡言：「在一間靜靜的斗室／你將素紙展開，／當日影顫動，當風雨沉吟，／或是當燭火搖曳；／你計數著宇宙的脈搏，／急急地寫下／一些靈魂與靈魂的／秘密的語言。」詩，是詩歌的密語。說給自己聽的心語，靈魂的聲音！詩，是詩人（作者）的密語，從〈斷章〉，揭示本性走向，1937 年寫〈哲人與貓〉，1945 年轉寫〈珠和覓珠人〉都在為自己找尋光。實際上，陳敬容近一甲子的詩篇，充斥著「火」與「光」的意象。詩題固然有，詩句更多。初期，1943 年的〈珠〉：「誰立在水

波中央，／呼吸著綠葉，／舒吐陽光/和火？」同年〈薄暮〉：「我是地心的火／伸向地面／化作潺潺的河」；第二期1945年〈邊緣外的邊緣〉：「我是一支白色的蠟燭／安靜地燃燒／燃燒而且照亮著／夜的長堤」；同年〈自畫像〉：「你是一支溫婉的燭火」、〈鑄煉〉：「窗上已顫動著銀白的曙光」、〈律動〉：「而我心靈的窗上／每夜顫動著／你，我永恆的星光」；第三期1948年〈放歌〉：「夢著更多的光／而在黑暗中往來」。；第四期1979年〈爬山去吧〉：「有多少愛、多少恨／就該有多少／閃光的詩」。

　　或許就這麼說：陳敬容，一支安靜燃燒的白色燭火。

　　唐湜，相知於陳敬容，且詩與論均豐碩的九葉詩人，在〈黎明的岸──陳敬容論〉乙文結尾，取三部詩集綜論：「讀著敬容的這些詩，我覺得像進入一個四季璀璨的花園，有那麼多新妍的春花，也有那麼多藍色的秋日花瓣，如果《盈盈集》是一個春天的花園，那《交響集》就如一個秋日繁盛的森林。而《老去的是時間》則更是澄藍的天宇，滿是一片靜夜的星星。」（註7）。

　　學者夏爵蓉稱譽「這類作品，立足於對現實社會的深刻認識，振響著時代的濤聲，閃現出生活的波光。」（註8）。這些美譽都是對她的肯定。

　　如果僅能擇一首詩，如何為陳敬容挑選唯一鍾愛的一首。會是她的鍾愛，抑讀者我的鍾愛？可以的話，就以1948年夏天寫於上海的〈放歌〉。1948年，她未知中國政局會如何大變局。〈放歌〉，1948年夏天，在上海寫的三首詩之一，全詩2段19行（9+10）。前段，收拾舊生活，「凡是可以唱歌的時候／我將要盡情歌唱」，愜意適適意的自由。後段，花香清泉都「僅僅為我而有」，還能「夢著更多的光／而在黑暗中往來」，詩句平靜平凡，卻坦誠真摯的樂觀豁然心聲，在黑暗中「夢著更多的光」。

　　陳敬容是詩人、散文家、評論家，也是翻譯家。受曹葆華影響，很早就介入世界文學的閱讀，也自學外語。「嘗試著翻譯文學作品，是在四十

年代自己已是二十幾歲時候的事。」（註 9），原有一冊《法國現代詩選》
的譯稿，1948 年秋離開上海時，「忙亂中竟把那部譯詩稿連同另一些稿
件一道丟失了」（註 10）。1947-48 年間，編輯詩刊，積極翻譯波德萊爾
和里爾克兩人的詩。為此，**袁可嘉**給予好評，說陳敬容「她可以說是在中
西詩藝結合上頗有成就，因而推動了新詩現代化進程的重要女詩人之一。」
（註 11）。除了譯詩外，也有小說的譯書，如《巴黎聖母院》、《安徒
生童話》等。

　　（本文標題：盈盈的溫柔的凝視。兩組文字的組合，「溫柔的凝視」，
為詩作〈哲人與貓〉的句子。「盈盈的」，選自 1947 年詩作〈寄霧城友
人〉：「奔濤靜息，水仙在岸上盈盈地開」，以及詩集《盈盈集》的轉借，
有充沛不歇的動感。）

附　註

註 1《九葉集·序》，頁 3。

註 2 陳敬容〈偷讀〉，收進《陳敬容選集》，成都，四川人民版，1983 年。
　　頁 306。

註 3 卞之琳〈斷章〉寫於 1935 年 10 月，收進詩集《魚目集》，原詩如下：
　　你站在橋上看風景，／看風景人在樓上看你。／明月裝飾了你的窗子，／
　　你裝飾了別人的夢。

註 4 袁可嘉：〈蘊藉明澈、剛柔並濟的抒情風格〉，《新鮮的焦渴》頁 7。

註 5 唐湜：〈黎明的岸 ── 陳敬容論〉，收進《九葉詩人：中國新詩的中興》，
　　上海教育出版社，2003 年，頁 126。

註 6 同上，頁 146。

註 7 同上，頁 145-6。

註 8 夏爵蓉〈陳敬容——逼視現實的象徵主義之歌〉,《現代詩人風格論》,
　　成都,四川大學出版社,1994 年,頁 175。
註 9 陳敬容譯《圖像與花朵·題記》,頁 2-3。
註 10 陳敬容譯《圖像與花朵·題記》,頁 3。
註 11 袁可嘉:〈蘊藉明澈、剛柔並濟的抒情風格〉,《新鮮的焦渴》,頁 1。

陳敬容影像

陳敬容著譯書影

最初的《九葉集》《八葉集》

九葉派研究書刊

新版的《九葉集》、最初的《九葉集》《八葉集》

不斷奔流的生命

——杜運燮（1918～2002）小論

一、一位青年詩人的崛起

　　中國對日戰爭期間，留下不少文學作品。詩作中，戴望舒的〈獄中題壁〉、〈我用殘損的手掌〉和杜運燮的〈滇緬公路〉，可以算是留青史的名作。巧的是，這三首詩均完成於1942年；這一年，戴望舒已是名詩人，1926年發表了〈雨巷〉乙詩，走紅中國新詩界，杜運燮僅是24歲的青年學生。1989年6月重慶出版社印製出版《中國抗日戰爭時期大後方文學書系》套書，第六編詩歌共二大冊，臧克家主編，選戴望舒詩7首詩（頁1878-1890），含上2詩；選杜運燮詩3首詩（頁684-689），〈滇緬公路〉闕如。不過〈滇緬公路〉乙詩曾出現於台灣，1979年7月10日《聯合報‧聯合副刊》刊載「抗戰文學」專輯，「抗戰詩選」首篇〈滇緬公路〉，作者卻署名：「杜宇」。更早，〈滇緬公路〉發表於《文聚》一卷一期（昆明，1942.02.25.）後，即受到朱自清和聞一多的欣賞。朱自清先以〈詩與建國〉乙文論評，後收進《新詩雜話》

（1947 年）乙書；聞一多則直接將之收進《現代詩鈔》（1943 年）
選集內。

　　〈滇緬公路〉是一首 70 行的詩，比起一般 2、30 行，算得上
長詩吧。全詩分 7 節，每節行數不均等，依序為：9、9、10、11、
9、10、12 行。內容是：第 1 節，歌詠築路工人的意志：「每天不
讓太陽占先，揮動起原始的／鋤鏟，不惜僅有的血汗」；第 2 節，
「放聲歌唱吧，接近勝利的人民，／新的路給我們新的希望，而
就是他們／（還帶著沉重的枷鎖而任人播弄）／給我們明朗的信
念，光明閃耀在眼前。」（註 1），後 2 節是歌贊築路工人的；第
3 節，這條公路是「他們不朽的化身」，由於他們犧牲，開出這條
路，「給戰鬥疲倦的中國送鮮爽的海風／送熱烈的鼓勵，送血，
送一切，於是／這堅韌的民族更英勇」；第 4 節，歌頌這條路：
像「風一樣有力」、「蛇一樣輕盈」、「鷹一樣敏捷」；第 5 節，
奮鬥的人民興奮地為贏得勝利而微笑；第 6 節，「征服了黑暗就
是光明」，有了「黎明的消息」，七色的光出現，「滇緬公路的
萬物朝氣的鼓勵，狂歡地引負遠方的貨物」；第 7 節，「一切在
飛奔，不准任何人停留」、「不能停，還要走，還要走，／整個
民族在等待，需要它的負載。」

　　整體看，形式不支離零落，內容則每節環環緊湊相扣。

　　滇緬公路起點在中國雲南省昆明市，終點是緬甸臘戍，全長
1453 公里。公路於 1937 年規劃，1938 年春動工，同年 12 月完工，
通車。施工期間，平均每天 5 萬多人，最高時達到 20 萬人。工程
中，死於爆破、墜崖、落江、塌方和瘧疾的就不下 3000 人，死亡
率約為千分之十五，也有工程技術人員死亡。在群山眾嶺間，最
嚴峻的有「24 拐」的困窘。在抗戰中，沿海遭日軍佔領封鎖，這
條滇緬公路讓大量的援華物資由緬甸仰光港，進入處於困境的中

國，東接滇黔公路、川滇東路、滇黔南路等多條公路，一路送至昆明，並運往陪都重慶和全國各地，幫助中國抵禦日本侵略，是西南大後方的補給大動脈。

　　杜運燮的〈滇緬公路〉是歌詠中國二戰時期詩文學的傑作，儼然飛奔的巨蟒，與時代脈動共振。就詩藝言，不亞於美國惠特曼（Walt Whitman, 1819～1892）的〈大路之歌〉，具開創性的書寫。杜運燮的九葉好友唐湜贊許這首詩「應該說，這是抒寫抗戰的史詩，抗戰時期最好的史詩之一，為當時作出重大犧牲的農民寫的史詩。」（註2）。順此，杜運燮本人在1985年完成長詩〈古絲路〉，是另一個磅礴之聲的延續。

二、詩人簡介與文學的接納

　　回看杜運燮生平。1918年生於馬來西亞霹靂州，福建古田人。1941年進廈門大學生物系，經林庚教授介紹，轉往昆明西南聯合大學外文系，1945年畢業後，參加中國遠征軍，赴印度、緬甸等前線，接著曾任報紙編輯和中學教員。1951年起在北京新華社國際部工作，1986年退休。2002年7月16日病逝。文學著作有《詩四十首》（1946年）、《南音集》（1984年）、《晚稻集》（1988年）、《你是我愛的第一個》（1993年）、《杜運燮詩精選100首》（1995年），《海城路上的求索 ── 杜運燮詩文選》（1998年）；與詩友合輯《九葉集》（1981年）、《八葉集》（1984年）及散文集《熱帶風光》（1951年）等。

　　杜運燮來自馬來西亞，在西南聯合大學時接觸及喜愛西方現代主義詩歌。他自言「我學寫詩，幾乎是與外國現代派詩同步開始。主要是讀了中國前輩詩人的新詩和外國現代派詩動了心，才

動手寫詩的。」（註3）。他說的中國前輩詩人指馮至、卞之琳等人的現代思路；至於外國現代派，主要是英國「粉紅色30年代」（左翼作家），尤其奧登（Auden)等人，還包括艾略特等。晚年1992年的〈里爾克的豹〉乙詩，即回應年輕時馮至給予的啟蒙與影響。〈滇緬公路〉乙作也有奧登〈在戰時〉詩輯的刺激。抗戰時，艾青的現實主義詩篇，也曾給予激盪。

三、詩人的詩藝

在詩集《晚稻集》封面摺口的〈小傳〉，杜運燮簡單分自己寫作的兩階段：「1940年至1949年為寫詩第一階段，1976年1988年為第二階段；出版詩集分別為前《詩四十首》、《南音集》和後《晚稻集》。

本文擬分四期略談杜運燮的詩。第一期1945年之前，西南聯大學生時期。第二期1945年至1949年，戰火下的悲憫心聲。第三期1976年至1988年，引領「朦朧派」的前導者。第四期1989年至晚年，怡然自得的晚情風景。

第一期1945年之前，西南聯大學生時期

杜運燮出身西南聯合大學詩人群，1945畢業於外文系。英美文學的訓練與文學營養的吸收，轉為詩寫作，自有一番異質的表現。初期，進入西南聯大，杜運燮「我開始大量寫詩。」（註4）自言這時候：「穆旦是我最談得來的詩友。他早慧，很早就寫詩，當時已發表一些較成熟的作品。從他那裡，知道了燕卜蓀和英國「粉紅色30年代」奧登等詩人群，以及他們所推崇的前輩英國詩人。在寫詩方面，我們有越來越多的共同語言。我也就懷著更濃

厚的興趣繼續寫詩。有時幾乎天天寫，每天寫一首或數首。」（註
5）

可見，青年杜運燮的勤鼻筆勤功，校園是青春詩的溫床。

先閱讀學生時期的一首詩〈Narcissus〉：

Narcissus

一切是鏡子，是水，
自己的影像就在眼前。

不要糾纏在眼睛的視覺裡。
心靈的深處會為它絞痛，
流血；心靈的高處會為它
鋪烏雲，擋住幸福的陽光。
那就會有一片憂鬱——
沒有方向和希望，
沒有上下，記憶的轟響串成
無盡的噪音……

於是一切混亂。
生命在混亂中枯萎，自己的
影像成為毒藥，染成憂鬱，
染成灰色，漸漸發黴、發臭……
但是，能看到鏡裡的醜相的，不妨
聳一聳肩，冷笑一聲，對人間說：
「能忘記自己的有福了。」然後
攪渾了水，打破鏡子。

　　Narcissus（納蕤思）是希臘神話裡的俊美少年，不接受任何異性的追求。一日，臨池照見自己的美貌，竟愛上自己的倒影，且沉迷流連，終於墜入池中，不治亡身。天神宙斯感動他的癡迷，讓其轉生為「水仙花」。Narcissus 衍生為自戀的水仙子。故事迷人，也招引青春學生的愛戀及自身的投影、投射：「一切是鏡子，是水，／自己的影像就在眼前。」原本的得意自信，漸漸變形，「生命在混亂中枯萎，自己的／影像成為毒藥，染成憂鬱，／染成灰色，漸漸發黴、發臭……」憂鬱的少年只見到自己的倒影，唯，杜運燮並未過度耽溺，理性的他：

> 聳一聳肩，冷笑一聲，對人間說：
> 「能忘記自己的有福了。」然後
> 攪渾了水，打破鏡子。

　　攪水，碎鏡。納蕤思的浪漫純美青春自戀卻自信，西南聯大的學生，初出茅廬，筆力不凡。這份理智的尋美，也表現在 1944 年的〈井〉詩。21 行平分 7 節。首節言自己的個性與世界「我是靜默。幾片草葉，／小小的天空飄幾朵浮雲，／便是我完整和諧的世界。」自我形成一個完美完整的小世界。外界靠過來的「你們」，汲水也好，丟垃圾也好，汲水只動我表面，丟垃圾則默默承受，「我將永遠還是我自己：」末節 3 行，再次重複理性自信：「靜默，清澈，簡單而虔誠，／絕不逃避，也不興奮，／微雨來的時候，也苦笑幾聲。」井的意象不似中流砥柱的屹立不搖，卻顯示不受外來誘惑撞擊的沉穩堅毅。

第二期 1945 年至 1949 年，戰火下的悲憫心聲

　　抗戰後期，杜運燮到過印度、緬甸等地，又回到昆明，都留有詩作。在昆明寫的幾首詩，如〈追物價的人〉、〈被遺棄在路旁的死老總〉、〈林中鬼夜哭〉、〈無名英雄〉、〈登龍門〉、〈善訴苦者〉等詩，傳達了詩人在戰火下流露的悲憫及諷刺心聲。〈追物價的人〉乙詩部分詩句：「抗戰是偉大的時代，不能落伍。／雖然我已經把溫暖的家丟掉，／把好衣服厚衣服，把心愛的書丟掉，／還把妻子兒女的嫩肉丟掉，／而我還是太重，太重，走不動，」為了抗戰，拋棄所有。「即使是輕如鴻毛的死，／也不要計較，就是不要落伍」這是愛國者的心聲。另一面，是諷刺發國難財的寫照。另外，古代，窮人寫照是「路有凍死骨」，今日戰火下的犧牲者，竟是要墳墓不得：「風跑掉了，／吐落葉也跑了，/／塵土也跑了，／樹木正搖頭掙扎，／也要拔腿而跑，啊，給我一個墓，／隨便幾顆土。／隨便幾顆土。」（詩〈被遺棄在路旁的死老總〉）。　對無名英雄，又有一番禮讚：「你們才是歷史的生命，／人性莊嚴的光榮化身。／太偉大的都不必有名字。／有名字的才會被人忘記。」（詩〈無名英雄〉）。這類作品，較寫實，有作者接觸艾青詩的影響；也類似覃子豪在福建永安寫的詩集《永安劫後》，屬於戰火下的寫實控訴。

第三期 1976 年至 1988 年，引領「朦朧派」的前導者

　　1950 年代至 1970 年代後期，杜運燮有近乎 30 年空白期，隨後，他很快提筆書寫、發表。1979 年秋完成〈秋〉詩，刊登在隔年的《詩刊》：

秋

連鴿哨都發出成熟的音調，
過去了，那陣雨喧鬧的夏季。
不再想那嚴峻的悶熱的考驗，
危險游泳中的細節回憶。

經歷過春天萌芽的破土，
幼芽成長中的扭曲和受傷，
這些枝條在烈日下也狂熱過，
差點在雨夜中迷失方向。

現在，平易的天空沒有浮雲，
山川明淨，視野格外寬遠；
智慧、感情都成熟的季節啊，
河水也像是來自更深處的源泉。

紊亂的氣流經過發酵，
在山谷裡釀成透明的好酒；
吹來的是第幾陣秋意？醉人的香味
已把秋花秋葉深深染透。

街樹也用紅顏色暗示點什麼，
自行車的車輪閃射著朝氣；
塔吊的長臂在高空指向遠方，
秋陽在上面掃描豐收的資訊。

　　第一節，聽著「鴿哨」，感知季節輪替。走出夏的悶熱喧鬧，進入秋的穩實季節。第 2 節，回憶春來芽萌迄今的變動。第 3 節，道出秋的特色：天空清麗無雲，四野遼闊明淨，外景如是。

　　這是一首描寫「秋天」的詩，意象飽滿，語言豐富，有明講也有暗示；用「成熟的音調」（鴿哨）、「成熟的季節」（智慧、感情）、「透明的好酒」、「醉人的香味」、「豐收的資訊」串連，起筆的「鴿哨」，搭配結尾的「秋陽」，整首詩洋溢輕快歡心的「秋高氣爽」。若要比較，可以同英國濟慈（John Keats）的〈給秋天〉並比，都是詠贊秋日的好詩，杜運燮的筆調還是帶著慣常的冷靜。

　　曾受現代主義洗禮的杜運燮，這首詩發表後，引發一位批評家說，詩讓人看不懂，朦朧得讓人氣悶。從此「朦朧」一詞在詩壇不脛而走，「朦朧詩」「朦朧詩派」成為 20 世紀末期中國最大最廣的詩歌流派。杜運燮引領中國現代詩另一峰嶺的長輩，有法國 19 世紀末期畫壇印象派出現前的馬奈（Edouard Manet, 1832～1883）之風。

　　《晚稻集》裡的〈火〉和〈水〉兩首長詩，是杜運燮生命觀大我小我的一併展示。兩首詩寫於 1980 年初期且近乎先後完成，在《晚稻集》裡，先〈火〉後〈水〉；在《海城路上的求索》裡，有〈火〉詩無〈水〉詩。〈火〉，每節 3 行，22 節，共 66 行；這是火的讚頌，前 3 節引言，「這個世界這麼美，／我熱愛它，就因為／到處有火的花和蓓蕾。」他欣賞生物界的「燃料」現象、「燃燒」行為。接著推出 7 種自然界如樹、小草、花、飛鳥、蝴蝶、螢火蟲等生物的「燃燒」行為，再引入 11 種「人」的「燃燒自己」，最後，末節強調火讓世界明亮輝煌。雖然整首詩沒有提

到普羅米修斯，不禁要將詩人與盜火者連結。1978 年艾青的〈光的讚歌〉是否啟發了杜運燮的〈火〉，不得而知。兩位詩人這兩首有點同質的詩作，都是正能量的幅射。

另一首〈水〉，每節 4 行，10 節，共 40 行。這首「水」詩，談的是「流動」，是詩人的自我形塑。一起筆，詩人就說「流，永遠地向前流，流，／有所托載，推動，渴望成型。／那是我的理想，我的本性，／不斷奔流就是我的生命。」末節末 3 行：「只要有機會，我就要繼續奔流，／因為我的心總向著遠方的大海，／生命激蕩著我要向前流，流。」流動的生命永不腐朽！

雖說水火不容，在杜運燮詩文學竟可以水火同源。

第四期 1989 年至晚年，怡然自得的晚情風景

1990 年杜運燮在香港報章詩刊發表不少詩作。仍保持他冷凝平實的筆觸，如 1992 年〈盆栽〉：「只有綠色，供人閱讀／只有沉默，接待評論／只有綠色和沉默／擁抱客廳的些許陽光」1994 年〈盆景的世界〉：「它找到了另一種自我價值／在藝術的束縛中／同樣表現勇氣與生命力／展示追求完善的美／創造新的觀眾」。顯示了晚情的怡然自得。

四、結　語

杜運燮的詩文學寫作，有兩個輝煌期：1940 年代和 1980 年代。1940 年代是他啟蒙出發，如朝暾，逐漸亮閃卻不帶豔赤，感悟力強。1980 年代，閒靜如秋。他的抒情詩密而不濃稠，鋪展得自然貼切。

　　除了以九葉詩人群之一的先鋒角色，踏入中國現代文學，杜運燮對家鄉的文學描寫，也是馬來西亞文學史裡的中堅分子。杜運燮的散文集《熱帶風光》，是家鄉馬來西亞、新加坡的風俗地景文集，書內文章曾選入相關選集，以及當地華文教科書，與新馬文學史和馬來西亞文學史密切，無庸諱言。

（本文標題：不斷奔流的生命。摘自杜運燮〈水〉的詩句：不斷奔流就是我的生命。1990 年代初購得《晚稻集》閱後，即擬此題預備論談，遲至今日完稿。）

附　註

註 1.第 2 節前 2 行，《聯合報・聯合副刊》版本為：「歌唱呵，你們，就要自由的人民，／路給我們希望與幸福，而就是他們」。

註 2. 唐湜〈遐思者運燮〉，收進《九葉詩人：中國新詩的中興》，上海教育出版社，2003 年，頁 101。

註 3 杜運燮：〈在外國詩影響下學寫詩〉，收進杜著《海城路上的求索 —— 杜運燮詩文選》頁 265。

註 4. 杜運燮：〈自序〉，收進杜著《海城路上的求索 —— 杜運燮詩文選》頁 4。

註 5. 杜運燮：〈自序〉，收進杜著《海城路上的求索 —— 杜運燮詩文選》頁 5。

2018.06.24

杜運燮（1918～2002）

《晚稻集》、《海城路上的求索
——杜運燮詩文選》

杜運燮〈滇緬公路〉1979 年 7 月 10 日《聯合報‧聯合副刊》

獨留燈火映蒼茫

——重讀徐訏的詩兼懷香港文傑

　　2019 年 8 月 4 日第二次取得葉輝的《新詩地圖私繪本》（香港天地版，2005），重溫讀過的篇章。翻讀末篇〈徐訏佚詩及其他〉，文裡第三行提到「廖文傑近年為徐訏編印多本遺著」，隨即鉛筆記下：想念廖文傑、康夫，2019.08.06.重讀徐訏之詩。本文順此而寫。

　　1970 年代初，後浪詩社發行《後浪詩雙月刊》兩年後，改版《詩人季刊》，稍晚，我開始以「夜讀筆記」為欄，寫些讀詩心得短論隨筆（談不上評論）。印象中，有一篇簡談徐訏的短文給編輯部。在那個年代，徐訏是不被注意，或者說他的詩落伍了。該文未登，我也未留底稿。隔了幾年，曾捎信給主編蘇紹連，回覆散失不見了。

　　1991 年選編《情願讓雨淋著——散文詩選讀》出版，內有徐訏的〈悲歌〉乙篇。〈悲歌〉內容：文字工作者如同乞討者，是賣文乞丐；文人等於文丐式的了卻一生。若干年後，香港的廖文傑見到，寫信過海談徐訏，開始文字交，也寄來他策劃的詩書，版型輕巧精緻。包括他請康夫選編《徐訏抒情詩一百首》，

還將我的〈紀念徐訏〉乙作排在序詩一　，編輯人康夫有序詩二：
〈讀徐訏詩的一個晚上〉，及〈後記〉。

　　徐訏文學活動成名於 1930、40 年代中國（上海）文壇，1943
年他的作品風靡一時，該年因而被人稱譽為「徐訏年」。1950
年代在香港賣文為生。我喜歡的〈悲歌〉，應該是他一生文學
寫作的感慨、感動、心聲。1960 年代我在台中讀書，他在香港
夜窗書屋出版的幾本小說《鬼戀》、《吉布賽的誘惑》、《荒
謬的英法海峽》、《精神病患者的悲歌》、《風蕭蕭》等，大
量流落書市。更晚年代，購藏了他的詩集：《借火集》、《待
綠集》、《時間的去處》、《原野的呼聲》等，還包括台灣正
中書局《徐訏全集》18 卷乙套裡的詩集。我很訝異，沒到過台
灣的徐訏，竟然有全集巨冊出現。有批評者稱徐訏是「被煙火
人間遺忘的鬼才」。

　　有段時空，《聯合報・聯合副刊》每隔未久，刊登徐訏一
詩，似乎舊作重登？我剪存一些，當中〈蒼蒼的暮色〉頗為喜
愛。「暮年／仍風雨飄搖中／感同深受」（2019.08.08.記），間
接促成此文。

　　葉輝的文章說：「徐訏早年畢業於國立北京大學著哲學系，
其後到法國留學，研究的也是哲學」（葉著：頁 291）。他的詩
有充滿著宿命論的消極色澤。嚴格講，讀徐訏詩是很沉重，他
的詩沒有燦朗陽光，彷彿落魄文人走江湖的流浪心酸。這樣的
寫照。葉輝說「述懷言志之作」（葉著：頁 293）、「述懷詩」
（頁 293）、「述懷抒情詩」（頁 2944）。這首〈未題〉的摘
句（康夫選編《徐訏抒情詩一百首》，頁 138），路，生命道路，
是暗淡的；人，沒有目的。

未 題　　　徐　訏

我原只是低著頭
拖著疲倦的腳步，
走我沒有目的的
暗淡的道路

　　我保存剪報的幾首詩，〈註定的路徑〉乙作更具灰色，走
向積雪的山頂，走向雲霧中的山頂，走向模糊的山頂，走向巔
巍的山頂，既無奈又非走不可。法國作家卡繆詮釋薛西弗斯推
石頭，還期待「應該想像薛西弗斯是幸福的」，徐訏卻極盡的
註定、認命、宿命。

註定的路徑　　　徐　訏

我腰腿已經酸麻，
滿頭汗水涔涔；
耳朵與鼻葉已經僵冷，
胸口跳躍著隱痛的心。

背著沉重的包袱，
我走向積雪的山頂，
四周沒有一株樹木，
沿途沒有一天人影。

支著粗重的手杖，
我走向雲霧中的山頂，
眼前是一片迷茫，

也看不見天藍天青。

喘著迫促的呼吸，
我走向模糊的山頂，
我不知究竟有多少路，
也不知要經過多少險境。

拓著疲乏的腳步
我走向巔巍的山頂，
我不知山內有什麼寶藏，
也不知山上有什麼風景。

沒有人叫我背這個包袱，
沒有人要我攀登山頂，
祇因為我在出世的一天，
註定了我要走這段路徑。

2019.08.17

廖文傑出版：徐訏文集、詩選

葉輝：《新詩地圖私繪本》

收集陽光的詩人

── 彭燕郊（1920～2008）小論

一、前　言（七月派的南北成員）

　　七月派與九葉派都是中國新詩界重要的文藝派別、藝文團體。除了現實主義與現代主義的觀點分歧外，二者尚有差異。七月派出現較早，1930 年代後期即活動，成員也較多，約 20 幾位；七月派作家們不止寫詩，還有小說家，如東平、阿壠、路翎，尤其路翎的小說成就高。九葉派成員的活動集中於西南聯大及戰後的上海，算是學院與都市詩人；七月派分散全國各地，親歷烽火。在北方活動的成員有：魯藜、冀汸、曾卓、胡征、天藍、牛漢、鄭思、魯煤（牧青）、賀敬之（艾漠）、侯唯動、東平、路翎等；在南方活動者有：彭燕郊、綠原、孫鈿、阿壠等。

二、彭燕郊小傳

　　彭燕郊（1920～2008），原名陳德矩，男，1920 年 9 月出生於福建省莆田縣。1939 年開始發表作品。戰爭期間，在東南及大

後方從事文學文化編輯工作。出版詩集《春天 —— 大地的誘惑》
（1941 年）、《戰鬥的江南季節》（1943 年），另一部《第一次
愛》延至戰後 1946 年才出版。1949 年至北平參加全國第一次文代
會。會後在《光明日報》主持《文學週刊》、《民間文藝》等副
刊。1950 年 6 月，到湖南在湖南大學、湖南師院任教。1955 年 6
月，因「胡風案」被關押。期間仍在心中默默寫詩，出獄後寫下
來；擔任過街道、工廠勞動，翻砂工、油漆工等，同時堅守詩歌
創作，努力潛心研究文學藝術和美學理論。

　　文革結束，1979 年 3 月被聘請到湘潭大學任中文系教授，同
年 10 月獲平反。1980 年起，擔任湖南省高校教師職稱評審委員會
文科組組長、省民間文藝研究會副主席、湖南現代文學研究會會
長等，創辦並主編《楚風》雜誌，負責編撰「湖南民間文學叢書」。
1984 年從湘潭大學退休，仍居長沙，繼續文學界活動、寫作、編
輯、策劃等。2006 年，湖南文藝出版社出版《彭燕郊詩文集》（三
卷四本）：詩卷兩冊、散文卷評論卷各一冊，是文學寫作的總成
績。

　　2008 年 3 月 31 日辭世。

　　生前出版過詩集《第一次愛》、《彭燕郊詩選》、散文詩集
《高原行腳》、長篇散文詩《混沌初開》，散文集《紙墨飄香》、
評論集《和亮亮談詩》、《當代湖南作家作品選 彭燕郊》等。過
世後，2010 年花城出版社出版「彭燕郊紀念文叢」三冊：《彭燕
郊自由詩：一朵火焰》、《彭燕郊散文詩：漂瓶》、《彭燕郊回
憶錄：那代人》。

三、彭燕郊與覃子豪

　　劉揚烈著《詩神・煉獄・白色花──七月詩派論稿》第九章〈彭燕郊論〉，提到 1940 年 5 月彭燕郊等人疏散到浙江金華，「在金華，與辛勞、覃子豪、莫洛、麥青等一起籌辦《詩時代》。後轉至福建永安，繼續從事文學活動，在《現代文藝》上發表了〈磨〉、〈殯儀〉等等。1941 年夏赴桂林……」（頁 178）。彭燕郊與覃子豪約有一年的時間在金華和永安。兩人是否交往？是否親近，有待進一步查考。覃年長，約大彭 7、8 歲，到永安前，出版了詩集《自由的旗》，在永安寫了詩集《永安劫後》，留下時代見證。彭燕郊也有類似的創作。

　　覃子豪成名於中國抗戰期間，戰後，到台灣，積極創作、編詩刊、組詩社，延續詩名，為台灣新詩壇盟主之一。

　　大部叢書系《中國抗日戰爭時期大後方文學書系・第六編・詩歌第二集》兩人各有 4 首詩作入選，覃子豪：〈九月之晨〉、〈歸來〉、〈戰士的夢〉、〈廢墟之外〉（頁 1519-1526）；彭燕郊：〈夜歌〉、〈歲寒草選二〉、〈春天──大地的誘惑〉、〈小牛犢〉（頁 1571-1618）。

　　彭燕郊在永安大約 1941 年春，留有幾篇散文：〈白夜〉、〈早寒的梅雨〉和〈尋覓〉等。文章流露感懷戰友。

四、彭燕郊與書

　　彭燕郊對外國詩，情有獨鍾，1980 年代以後，策劃、組編或主編多種外國文學譯介叢書（刊），如 1.「詩苑譯林」（湖南文

藝出版社），2.《國際詩壇》、《現代世界詩壇》期刊，3.對散文
詩亦然，整理「黎明散文叢書」和「世界散文詩譯叢」（廣州花
城出版社）。影響甚大。

　　彭燕郊的《和亮亮談詩》乙書，說是評論集，其實是他所認
知的「外國新詩史」，尤其是波德萊爾以降西方現代主義詩史。
書中，彭燕郊對法國波德萊爾及象徵派三詩人魏爾崙、韓波、馬
拉美以及梵樂希（瓦雷里）等一脈相傳的歐美現代主義詩人特別
喜愛，及深入討論。

　　他的散文集《紙墨飄香》，類似讀書憶人的筆記。有一組內容
介紹的文字放在書名上段，也放書背上半。這些文字：「本書是
著名『七月派』詩人彭燕郊歷年來所寫有關書和讀書人的隨筆集，
分為蹇齋書話、蹇齋書緣記、蹇齋存書題識、蹇齋讀書記、蹇齋
見聞錄等五輯。容史料性、趣味性、書卷氣於一爐，讀來令人難
以釋卷。」例如，憶汪銘竹乙文。在〈愛書〉短文，談及「自己
從小愛看書、愛買書，生活裡少不了書，可以說早就成了癖。」
（頁17）。順話題，舉出1940年代的嚴杰人、韓北屏、梁琛、聶
紺弩等，敘述較多的是汪銘竹。他說：「日本投降，我從重慶急
急趕回廣西，經過貴陽停了兩天。文藝界的朋友帶我去看詩人汪
銘竹，他在一條小街上開了一家舊書店『白鳥書屋』。他是我所
見到的最典型的愛書人。他的書店在一間老式木樓下，門面不大，
中間用木板搭起乒乓球桌大的陳列台，上面鋪著半舊的白布單，
整齊地排列著行行『五四』以來出版的文學書。他是個十足的書
生，穿一件灰色長袍，文質彬彬。……」（頁18）。他還提到：
「詩帆」詩社的同仁：汪銘竹、程千帆、絳燕、孫望等人。輯四，
有篇〈讀莫泊桑札記〉，取李青崖譯的《莫泊桑中短篇小說選》，

寫了 25 篇欣賞筆記。這樣的廣雜文學筆記，是愛書成癖的必然痕跡，值得學習。

五、讀彭燕郊的詩

學者周燕芬在《執守‧反撥‧超越──七月派史論》裡，說「彭燕郊長於描繪江南的生活景致，訴寫江南人民『痛苦的掙扎』和『艱難的戰鬥』。他在詩的形象構成和抒情方式上，明顯受到艾青的影響，」（頁 293），她舉〈冬日〉一詩裡的文句：「冬天來到中國了／寒冷的中國的冬天呀……」，說明「讓人感受到了艾青的調式。」（頁 293）。她也給予讚揚「但彭燕郊又善於捕捉『生命力的微笑』，歌詠新鮮純潔的大地，筆端透露著南方農村特有的清新寧靜的綠色氣息」（頁 293-4）。周燕芬這席論點，著重彭燕郊初期（戰爭中）作品的學習與進步。彭燕郊自編的《彭燕郊詩選》（1984），首篇〈山國〉計 17 節 138 行，寫於 1938年春腦箭山上，摘引結尾末節 4 行，可以印證周燕芬的讚語：

戰旗也迎風招展於山頂
獵獵地飄舞不停
如像我們，並非為憑吊而來
新生的聖火仍在地下延燒！

彭燕郊擅長敘述長詩的寫作，這裡再選讀一首戰爭之作，及晚年兩首。

葬　禮　　彭燕郊

——弔在一場災難中犧牲的戰友們

受傷的翅膀
已經折斷
傾斜地飛跌而下
向大地投射沉重的身軀
它已死亡
灰白的腹部
朝向空闊
憤激的血液
已隨著高傲的心一起停止了活動
只有含冤的淚
流滿於剛烈的眉宇之間

晶亮的血珠
凝結在華貴的羽翎上
竟然混雜了地面污穢的泥砂
永遠高昂直視的頭
下垂著
屈曲於混濁的水注
死亡已使它冰冷而且僵硬
那利爪，曾經比野獸的角更凶猛
銳利的雙眼，曾經比電光更威嚴
而今都已無力而且暗淡了……

（中略2節21行）

如同片片金箔

閃耀起

不死的光榮……

　　　　（1942-45）

　　戰爭期間，青年詩人彭燕郊奔逐、疏散、流亡東南各地，江南寧靜農莊氣氛融入他的詩文，戰爭的殘害與淒慘同樣是必有的筆觸。青春的夥伴們有著壯懷凌雲之志，如鷹如鳶，不幸犧牲了，「受傷的翅膀／已經折斷／傾斜地飛跌而下」，不是單一，是一夥戰友，「那利爪，曾經比野獸的角更凶猛／銳利的雙眼，曾經比電光更威嚴／而今都已無力而且暗淡了……」難過無比，感懷無限。然而，不能因此喪志，他們原本「華貴的翎羽」，散在天際：「如同片片金箔／閃耀起／不死的光榮……」詩人在哀傷的葬禮，見到光榮的標記。

　　跟〈葬禮〉同時期的〈殯儀〉乙作，「在冬天的郊外我遇到一隊出殯的行列／淒涼地，悲哀地向著空漠的荒野移行／四個土夫抬著一部單薄的棺」。〈葬禮〉描述熟識的自己夥伴，〈殯儀〉是民間的悲劇，都是烽煙戰火的人為災難。這兩首詩的篇幅，〈葬禮〉一詩 4 節 45 行（11＋10＋12＋12 行）；〈殯儀〉11 節 59 行（2＋4＋4＋8＋6＋10＋4＋4＋2＋7＋8 行），從篇幅看出青年詩人觀察的細緻才情的舒展，以及流露人道關懷的悲憫心思。

家　　彭燕郊
──給一個在動亂中失掉家的人

小小的蝸牛

帶著他小小的家

世界是這樣廣大

而他沒有佔有一寸土地

除了這小小的家
他再沒有什麼了 ──
這小小的家
他自己血肉的一部份

像他自己那樣地小，那樣地輕微
那樣地容易受到攻擊
這小小的家，誰知道
哪一天會遭到毀滅……

果然，殘暴者出於一時高興
一時高興而異想天開
或許僅僅是為了消遣：下了毒手
小小的蝸牛的家成了碎片

淒涼地，瑟縮著
在天光裡，裸體了他軟弱的身體
蹣跚著，那上面佈滿傷痕
這垂危的流浪者，真正一無所有了

一顆砂子可以傷害他
一片草葉對他也太鋒利了
一道道堆疊起來的傷痕，也許
多少會給他增添一點自衛力量

　　人們常說：家是一種負擔
　　現在，他該感到輕快了吧
　　誰知道呢？可能，習慣於輕快
　　並不比習慣於沉重容易……
　　　　　　　　　1979 年夏末

　　全篇講蝸牛，談蝸牛的小家，講殘暴者無心或有意的加害。蝸牛只是隱喻，重點是「殘暴者」的摧殘力量，以及後果。詩的副題，「動亂」暗指文化大革命的十年動亂，也可以指任何時代的動盪。爭權鬥力的年代，底層庶民即束民，被遭踏被遺棄被忽視的一群。

　　羅洛編著《中國詩歌寶庫·新詩選》選了這首詩，除解析「通過失家之痛，揭露動亂年代給人民帶來災難」外，還談彭燕郊：「彭燕郊的詩，一貫以輕快又從容，思深而又意沉並舒展自如見稱。而這首詩給人的感覺卻是沉重的。一無所有固然輕快，那卻是磐石般的輕快，因為失去了不該失去的一切。」實際上，羅洛在其論著《詩的隨想錄》也誇讚：「彭燕郊是一位勤奮的詩人，他的詩發散出南方農村那種寧靜的綠色氣息，即使他描繪著戰鬥的江南、雪地上的行軍，口裡噴出憤怒的歌聲的時候，也不失詩的寧靜之美。」（頁 111）。又說：「燕郊致力於探求生活中美好的、閃光的東西，讀他的詩使人喜悅、使人思索、使人奮發。」（頁 76）。

　　辛笛主編《20 世紀中國新詩辭典》，也選了這首詩，由沈棲執筆賞讀（頁 503-4），他說：「這首詩的結尾兩行，將全詩推向一個更高層次，給人以哲理性的思索：失去家便失去負擔，看似

『輕快』，其實，它給人帶來的感覺卻是那般的『沉重』，人們便在『沉重』中苟延殘喘，這是何等的淒楚，何等的悲愴！」

中共文革結束前後出現「傷痕文學」，小說的暴露甚多，彭燕郊的這首〈家〉，可以算是「傷痕詩」的代表作之一。類似此，人、地、景的描寫，彭燕郊尚有〈懷榕樹 —— 悼念邵荃麟同志〉、〈塑香 —— 致犧牲者〉、〈殞 —— 獻給張志新同志〉等詩篇。

彭燕郊晚年雖有短詩，數量不多，坊間的短詩小詩選集，似乎沒有注意。這裡，挑一首：

讀　信　　彭燕郊

—— 得多年音訊隔絕的友人來信

長地久長久地凝望月亮
眼淚大滴大滴地落了下來

月亮在凝望裡模糊了
止不住的淚水一滴滴地落在月亮上

飄過來一朵白雲的手帕
柔軟的，圓圓的白雲的手帕
把沾滿淚水的月亮輕輕揩拭

揩乾眼淚，月亮還是那樣晶瑩
大滴大滴的眼淚還在那裡落著
當心呵，再不要讓淚水模糊了月亮……

　　如何表達不同年代的「烽火連三月，家書抵萬金」？家書、友信等值珍貴珍惜。思友獲訊息喜極而泣，不禁淚水直流，以至模糊視線。詩人不言自己弄模糊，卻轉移是月亮模糊，是淚水往月亮直落。原本，思念與月亮無關，詩人刻意移情月亮，讓她承擔責任。第三節的「轉」，引進「白雲的手帕」。手帕擦拭「沾滿淚水的月亮」，又一次牽扯月亮。

　　逆向思維成功了這篇短詩的意義。看似寫實，卻將隱藏著象徵技巧。

六、結　語

　　學者劉揚烈說「彭燕郊是戰爭中成長起來的詩人。」（劉著，頁180）他回看聶紺弩的話語，聶紺弩為彭燕郊早期詩集《第一次愛》的序文說：「戰爭使他加速地成長而且壯大 ── 戰爭給予他生命，意志和才能，給予他嘹亮的歌喉和歌唱的情緒與欲望。於是他成了戰爭之子」（劉著，頁181）。

　　從戰爭中成長。1950 年代中期至 1970 年代中期約有 20 年的停滯創作，但彭燕郊秉持對文學的虔敬，即使晚年，仍出版長篇散文詩《混沌初開》，還被稱為「彭燕郊現象」。

　　晚年三卷四本《彭燕郊詩文集》出版後，劉涵之撰文〈現代詩性與現代意識 ── 彭燕郊詩學發微〉分三部分討論詩歌的「真實」性、詩歌的「現實」性詩歌的「現代」性，為彭燕郊建構詩學體系。

　　文學批評家李振聲在編選《梁宗岱評論文集》時，與彭燕郊有書信請教互動。他知曉彭是「當年才氣橫溢的七月詩人」（頁

133），更感受彭文化人的姿態，他說「可以說，我是從燕郊先生
的身上，真正切實地感受到了上一代正直的文化人，是如何對文
化、對自己的文化前輩，始終不渝地守持著一份虔誠之心的，他
們確實是在以自己整個的身心，守望、回顧和撒播著他們視之為
像生命一樣彌足珍貴的文句遺產的。」（頁 134）。

　　彭燕郊基本是詩人，也是讀書人，愛書人，和文化人。

補記：

　　1990 年前後，進行譯詩家介紹和散文詩選讀，由上海錢春綺
先生引介長沙彭燕郊先生。1990 年 10 月 16 日收到廣州花城出版
社楊光治先生寄來彭燕郊散文詩集《高原行腳》，書中〈簷滴〉
乙作選入莫渝編《情願讓雨淋著：散文詩選讀》（1991 年，頁
134-6）。1990 年 10 月 22 日收到彭燕郊寄自長沙的《彭燕郊詩選》
乙書，開始書信書刊交往。

　　很早就想寫彭燕郊，介紹牛漢同時，也定好標題。2019 年 1
月正式啟動。零碎資料東撿西掉，遲遲未成篇。最初標題：為了
讓你喜悅，錄自彭燕郊的詩〈陳愛蓮〉；「為了要你喜悅，我能
更美一些嗎？」。改現標題：收集陽光的詩人，擷取彭燕郊的詩
〈林語〉：「樹梢有許多隻手伸向天空／不是祈禱，是想接住什
麼東西／低得掃到地面的樹枝都在忙著／想要把陽光收集起來，
保存起來」。

2019.09.30.

參考資料

彭燕郊詩集、文集

彭燕郊：《彭燕郊詩選》，（長沙）湖南人民出版社，1984.04.。

彭燕郊：《高原行腳》（散文詩集），（廣州）花城出版社，1984.06.。

彭燕郊：《和亮亮談詩》（評論集），（北京）生活・讀書・新知三聯書店，1991.05.。

彭燕郊：《紙墨飄香》，（長沙）嶽麓書社，2005.03.。

研究專書

綠原、牛漢編：《白色花：二十人集》，北京：人民文學出版社，1981.08.。

周良沛編：《七月詩選》，成都：四川人民出版社，1984.07.。

劉揚烈著：《詩神・煉獄・白色花 ── 七月詩派論稿》，北京：北京師範學院出版社，1991.11.。

郭小聰著：《在新世紀的門檻上：中國現代詩人新論》，北京大學出版社，1997.08.

周燕芬著：《執守・反撥・超越 ── 七月派史論》，北京：中華書局，2003.08.。

羅洛著：《詩的隨想錄》，（北京）生話・讀書・新知三聯書店，1985.01.

羅洛編著《中國詩歌寶庫・新詩選》，（香港）中華書局，1991.（台北）樂群文化，1991.11. 上海書店，1993.08.

辛笛主編：《20世紀中國新詩辭典》，（上海）漢語大詞典出版社，1997.01.

李振聲著《幻視中的完美》，（北京）中央編譯出版社，1997.01.

劉涵之著：《紙上現場：一份讀書筆記》，（桂林）廣西師範大學出版社，2014.12.

詩人彭燕郊　　　　彭燕郊第一本詩集 彭燕郊簽贈莫渝藏書

《和亮亮談詩》（評論集）　　　彭燕郊在書房

《彭燕郊詩選》　　　《紙墨飄香》　　　《高原行腳》（散文詩集）

《彭燕郊自由詩：一朵火焰》

《彭燕郊散文詩：漂瓶》

《彭燕郊回憶錄：那代人》

《第一次愛》彭燕郊著

不沉的岸

——牛漢（1923～2013）小論

一、前　言（七月詩派與胡風集團）

　　1937 年蘆溝橋事件後，文藝理論家詩人胡風（1902－1985）先在上海於 9 月創刊《七月》周刊，發行 3 期；轉武漢，續出《七月》文學半月刊（1937.10.～1938.07.）18 期，再往重慶改版《七月》月刊（1939.07.～1941.09.）14 期；抗戰勝利前後，又主編《希望》月刊（1945.01.～1946.10.）8 期。除刊物外，1942 年，胡風在桂林創辦南天出版社，推出「七月詩叢」和「七月文叢」兩系列。詩叢兩輯 16 冊詩集，文叢一輯有詩集 4 冊；這些詩集陸續在桂林、重慶及戰後上海出版。《七月》、《希望》、「七月詩叢」、「七月文叢」這幾種文學雜誌與書刊鼓勵介紹不少年輕詩人，形成了圍聚胡風周邊，以胡風為首腦的詩歌流派。胡風是理論旗手，艾青、田間為稍早一輩的啟蒙者，成員包括阿壠、魯藜、孫佃、彭燕郊、曾卓、杜谷、綠原、牛漢、羅洛等，這群詩人被稱為「七月派」。七月派詩人的詩歌的主題與社會現實及政治態度有密切關係。

　　學者陳遠征在其論著《中國現代的詩人與詩派》第十八章〈向生活與藝術突進 —— 胡風與「七月詩派」〉說:「眾多的作者之所以能自然地,同時也是自覺地團結在《七月》的周圍,除了大家都有投身抗戰,投身革命的迫切願望之外,胡風的詩歌美學主張也使刊物獲得了強大的凝聚力和吸引力(註 1)。因此,陳遠征極力肯定「胡風是這個詩派的發動者、組織者、扶持者。」(註 2)

　　胡風是文藝理論家,文學評論家,翻譯家,七月派詩人。他的詩集《野花與箭》,1937 年出版,是「七月派」的前導詩集。他翻譯小說集《山靈:朝鮮台灣短篇集》(1936.04)是最早將楊逵、呂赫若、楊華三位台灣小說家推介中國文壇。

　　胡風擅寫長篇政治抒情詩,〈時間開始了〉乙詩,詩中充滿對毛澤東的崇拜:「毛澤東!毛澤東! 中國大地最無畏的戰士」,即使如此,仍避不開政治鬥爭的犧牲品。中共建國後,第一起最大的文字獄冤案就是以其為首謀的「胡風集團」文字獄。1950 年代在中國發生的這場從文藝爭論演變為政治審判的事件,當時稱為「胡風反革命集團」。因為胡風的文藝理論被周揚認為偏離毛澤東紅色文藝理論,胡風及其支持者與周揚等人的文藝爭論被升級為政治批判。胡風集團的眾多當事人,除七月派詩人,尚有路翎、梅志(胡風夫人)、王戎、耿庸、賈植芳、何滿子等受株連者達量兩千人以上。直到 1980 年代,胡風問題經歷了三次平反:1980 年撤銷「反革命集團」案;1986 年胡風逝世后,撤銷了強加於胡風的不實之詞;1988 年 6 月,宣布胡風的文藝觀屬於學術問題,撤銷個人主義、唯心主義等罪名。

　　七月派詩人阿壠一首〈無題〉詩末尾:「要開作一枝白色花／因為我要這樣宣告,我們無罪,然後我們凋謝。」詩作寫於 1944 年。彷彿預言似的,導入政治災難。取「白色花」為名,1981 年

3 月出版了七月詩派《白色花：二十人集》。綠原在《白色花》的〈序〉說：「這二十位作者除個別情況外，大都是在四十年代初開始寫作的，或者說是同四十年代的抗戰文藝一同成長起來的。……他們當時大都是二十歲上下的青年，沒有也不可能接受正式的專門的文學陶冶，現實生活才是他們的創作的唯一源泉。」（註 3），綠原續說，「他們大多數人是在艾青的影響下成長起來的。」（註 4）。與胡風的關係，綠原說：「胡風先生作為文藝理論家，他對於詩的敏感與卓識，以及他作為刊物《七月》、《希望》編者所表現的熱忱和組織能力，對於這個流派的形成和壯大起了不容抹煞的誘導作用。」（註 5）文末，綠原引錄同為七月派詩人，《白色花》20 家詩人之首（年紀最長）的阿壠詩句，再次表明及重申，他說：「如果同意顏色的政治屬性不過是人為的，那麼科學的意義上說，白色正是把照在自己身上的陽光全部反射出來的一種顏色。作者們願意借用這個素淨的名稱，來紀念過去的一段遭遇，我們曾經為詩而受難，然而我們無罪！」（註 6）。

　　另一學者金欽俊：「七月詩派是一個現實主義詩歌流派，也是一個自由詩派。1955 年的政治風暴中，他們幾乎全部罹難，所以也是命運最悲慘的一個詩派。在長達 20 幾年的歲月裡，他們的詩作被封存甚或銷毀，並與其作者一起擔戴著絕大的罪名。但對於這樣一個有重要成績和重大影響的詩歌流派，歷史已經證明，它是不能被隨意從歷史上抹掉的。」（註 7）。

　　牛漢第一本詩集《彩色的生活》列入「七月詩叢」。牛漢是「胡風集團」（胡風反革命集團）第一個被捕的人。從 1955 年開始，他戴了 25 年「反革命」的帽子，直到 1979 年秋平反。

二、牛漢小傳

　　牛漢，本名為史承漢，後改為史成漢，又名牛汀，最初用筆名「谷風」，遠祖為蒙古族。1923 年 10 月 23 日出生於山西省定襄縣，父親為知識份子也是莊稼人（註 8）。抗日戰爭後，牛漢流亡西北地區，在天水讀中學，1943 年入西北大學讀俄文專業。1945 年初，主編《流火》雜誌。隔年參加學潮學運，遭捕入獄。出獄後，1946 年 7 月加入中國共產黨，從事地下工作。

　　1940 年開始發表詩作。出版詩集：《彩色的生活》（1949 年）、《祖國》、《溫泉》（1983 年）、《蚯蚓和羽毛》、《海上蝴蝶》（1985 年）、《牛漢抒情詩選》（1989 年）等，詩集《溫泉》獲第二屆（1983～1984）優秀新詩（詩集）獎，詩集內大部份作品寫於十年動亂文革期間。詩話集《學詩手記》、《夢遊人說詩》2 本。文革結束平反後，牛漢曾擔任人民文學出版社編審、《新文學史料》主編等職。2010 年 10 月，人民文學出版社出版《牛漢詩文集》五卷本，劉福春主編，前兩冊詩歌卷，由劉富春編校；後三冊散文卷，由張倩編校。全部書稿由劉富春主編，並由牛漢審定。2013 年 9 月 29 日牛漢辭世。

三、詩的啓蒙

　　牛漢從小愛畫畫，他回憶：「我從童年到青年，畫的畫比寫的詩多。後來不知道為什麼，我把畫畫的天趣轉入詩的夢境之中，……詩與畫在我心靈裡像兩顆明亮的星星并成了一顆，好比荷葉上的兩顆水珠，一碰之下就幻變成天衣無縫的大水珠。……有

些畫，我一看就想寫詩。」（註9），這段經驗也被劉揚烈引錄，說「唐詩和繪畫該是他步入詩壇的初步啟蒙，後來就把畫畫的天趣轉入了詩的夢境。」（註10）。

1939年7月，牛漢寫一首近百行詩，贊頌抗戰的軍士，取「谷風」筆名，後接受學長趙增益贈田間詩集與胡風詩集《野花與箭》，後又接受生活書店薛經理鼓勵閱讀艾青與田間的詩書，這是牛漢踏入詩壇前的閱讀經驗。牛漢回憶「得到正確的指引，使我一開始練習寫詩，就踏上一級堅實的台階。」（註11）。1941年起，在《詩創作》、《詩墾地》、《泥土》、《螞蟻小集》等刊物發表詩作。

由於畫與詩的愛好，晚年，牛漢寫了幾首讀畫詩，如1983年〈讀凡·高畫四題〉與1985年〈吶喊〉，劉揚烈贊賞說「他的『讀畫詩』也有極深的透視力，不僅是透視畫面，而且在透視生活。」（註12）。

牛漢初習文學時，在其回憶文章敘及戰後到上海，整理謄寫詩集詩作時「我沒有自來水筆，使用的是由郗潭封保存的石懷池生前最後用過的鋼筆」（註13）。郗潭封是牛漢的中學同學，文藝愛好者。石懷池也是一位文藝青年，年紀很輕約22歲（1945年）就往生，留下遺著《石懷池文學論文集》（耕耘出版社，約1945年）。這樣小記，填寫文壇逸事。

四、牛漢的詩

牛漢踏入詩壇初始，大抵以約百行或超出的長詩、長篇敘事詩見長，如1939年的〈詩〉、1940年代初的〈西中國的長劍〉、1942年〈鄂爾多斯草原〉、〈草原牧歌〉，500行的詩劇〈智慧

的悲哀〉、1945 年〈地下的聲音〉、1946 年冬在開封寫的長詩〈血的流域〉等，1970 年代後，還有長詩，如〈一圈帶血的年輪〉、〈華南虎〉、〈鷹的誕生〉、〈鷹的歸宿〉、〈虎嘯的回聲〉、〈遠去的帆影〉等。足見牛漢詩人氣質的敏感與語言文字的迅捷，他也嘗試不同類型詩的寫作。1981 年七月派第一部詩選《白色花二十人集》由綠原、牛漢兩人合編。牛漢詩選 8 首：〈鄂爾多斯草原〉、〈在牢獄〉、〈愛〉、〈我的家〉、〈黎明前〉、〈蚯蚓的血〉、〈巨大的根塊〉、〈麂子，不要朝這裡奔跑〉。算是牛漢本人的偏愛吧！

　　劉揚烈其論著《詩神・煉獄・白色花》下編第十三章〈牛漢論〉，將牛漢的詩創作分四個階段：1941-1946、1946-1955、1970-1976、新時期（文化大革命結束後）以來四期。我將之移於此，每期擇個人偏愛的詩作欣賞及討論。

1.1941-1946

　　1943 年，牛漢入西北大學讀俄文專業。1946 年參加學運，遭捕入獄。出獄後，寫了一首獄中詩：

在牢獄　　　牛　漢

春天
菜花正飄香，
我被關進牢獄。

母親
穿一身黑布衣裳，
從老遠的西北高原，

帶著收屍的棺材錢，
獨自趕來看我：
聽說
你死了，
腦殼被砸爛……

我並沒有死。

母親
到牢獄看我，
我和母親中間
站著一個獄卒，
隔著倆道密密的鐵柵欄，
母親向我伸出
　　顫顫的手，
我握不到，握不到……

但每次親和我
都沒有哭泣。

母親問我：
　　獄裡
　　受罪了吧！
我無言……

母親懂得我的心，

獄裡，獄外
同樣是狂暴的迫害，
同樣有一個不屈的
敢於犯罪的意志。
　　1946年春，漢中

比這首牢獄詩晚一年，牛漢寫了〈愛〉詩，描述與母親互動，以及母親因抗暴受辱，仍是鍾愛的親人母子相見，竟然是在牢房，且隔著鐵柵欄，不得握手擁抱，只能簡單交談。「獄裡，獄外／同樣是狂暴的迫害，」是政治局勢的描述；「不屈的／敢於犯罪的意志」則是人民的聲音。同年底，牛漢寫〈控訴上帝〉，表達更大的抗議：「囚徒們是無神論者，／是敢於犯罪但決不懺悔的人」。

2. 1946-1955

經歷初習及廣泛閱讀，牛漢建立了自己的詩觀與視野。艾青的〈雪落在中國的土地上〉寫於 1937 年 12 月底，隔年之後，傳遍詩壇文學界。年輕的牛漢用另一角度著筆：

落雪的夜　　　牛　漢

北方，
落雪的夜裡
一個伙伴
給我送來一包木炭。
他知道我寒冷，我貧窮，
我沒有火。

　祖國呵，

　你是不是也寒冷？

　我可以為你的溫暖，

　將自己當作一束木炭，

　燃燒起來⋯⋯

　　　　　　1947 春，開封

　　人際交往互動的過程出現三種現象：錦上添花、雪中送炭、
落井下石。依常理看待三現象，錦上添花者居多，落井下石者其
次，雪中送炭者最少。這首詩呈現詩人悲憫的胸懷。朋友雪中送
炭，自己更進一步，將雪中送炭發揮至國族的大愛。結尾詩句，
宛若羅曼羅蘭說的：「如果可以，連同我一併放進去，我不希望
薪火熄滅。」這股為他者為群眾的無懼無畏無我的意志／意念，
就是人道主義者得基礎行動。

3. 1970-1976

　　中國建國後，為鞏固權力，墜入權力鬥爭中。文學界的七月
派詩人群均蒙塵受害，所有的可能寫作同時停頓，牛漢亦然，直
到 1970 年代略為寬鬆。〈蚯蚓的血〉乙詩是這時的心境寫照。

蚯蚓的血牛　　　　　牛　漢

　我原以為

　蚯蚓的血

　是泥土的顏色

不對
蚯蚓的血
鮮紅鮮紅
跟人類的血一樣

一條蚯蚓的生命裡
只有一滴兩滴血
然而為了種子發芽
為了陽光下面的大地豐收
蚯蚓默默地
在地下耕耘一生

我的身高近兩米
渾身的血
何止幾萬滴

但是，我多麼希望
在我的粗大的脈管裡
注進一些蚯蚓的血
哪怕只是一滴

1974 初稿，1980.12.三稿

藉由蚯蚓的血，表明自己的血緣身份氣質個性。蚯蚓與土地親密親近，詩人希望有更多蚯蚓的血液，自然也想同樣與土地親密親近。

4. 新時期以來

文革結束，恢復自由身寫作能量漸漸復原，題材也不受拘限。牛漢回到青少年時期對繪畫的興趣。連里爾克的詩也取得閱讀，並寫下〈里爾克的豹〉。在讀畫寫詩，他獨鍾梵・高（梵谷），共寫四首。於此，挑選〈夕麥田上的鴉群〉乙作，詩題也是梵谷絕筆的畫題。

麥田上的鴉群　　　牛　漢

金黃的麥田
呼喚著收穫

烏雲般的鴉群
攪暗了天空
像一群魔鬼撲搧搧著翅膀
飛進了梵・高的靈魂

梵・高仰起面孔
佇立在畫的當中
向太陽，向世界
有聲有色地告別
一粒太陽的種籽
沉甸甸地落進大地

　　最後的畫
　　是他的墓地
　　從翻耕過的麥田裡
　　將會長出一棵不朽的向日葵

　　太陽是梵谷的標誌，〈向日葵〉是梵谷的名畫。詩人將此兩
種意象鑲嵌得十分貼切：「一粒太陽的種籽／沉甸甸地落進大
地」，「從翻耕過的麥田裡／將會長出一棵不朽的向日葵」。

　　牛漢以長詩享譽，也有小詩，且被詩選者注意。如張永健編
《中國當代抒情小詩五百首》（長江文藝出版社，1985.12.），選
刊〈我去的那個地方〉、〈凍結〉兩首；吳奔星主編《當代抒情
詩拔萃》（灕江出版社，1987.02.），選刊〈根〉；王爾牌　流沙
河編選《小詩百家點評》（重慶出版社，1991.02.），選刊〈夕陽〉
乙詩。

夕　陽　　　　牛　漢

　　祁連山莽莽峰巒上
　　刀痕似的裂縫裡
　　夕陽
　　堆得很厚很厚
　　那裡最容易聚集瘀血

　　此詩（註 14）有木斧、穆仁兩位點評。兩位點評人看法竟然
迥異。木斧說：「祁連山的裂縫是詩人靈魂中的刀痕。在莽莽峰

戀的潔白的胸襟上，詩人看到了隙縫中聚集的夕陽。」穆仁認為：「祈連山是古戰場，漢朝和匈奴之戰連綿不絕。思連千古的詩人，透過金日的夕陽，恍見歷史上的刀光與血污了。」（註 15）。兩人觀點一取內斂，揣摩作者內心脈絡，呼應夕陽；一取外景，透過祈連山在歷史上變遷動盪，投射在夕陽的軌跡。兩位的閱讀（解讀、誤讀）都豐富了原作被欣賞的想像空間。

五、結　語

《白色花》於 1981 年出版，編者兩位，僅由綠原撰〈序〉。稍晚，編者之一的牛漢有兩篇相關文獻：1981 年〈並沒有凋謝──簡介二十人詩集《白色花》〉與 1983 年〈關於七月派的幾個問題〉；另有談綠原和曾卓兩位詩人的論述，其中，曾卓算是最知心者，牛漢有一首詩〈懸崖──贊一位詩人〉（1987 年），即禮贊曾卓（1922～2002），曾卓有篇名詩〈懸崖邊的樹〉及同名的詩集《懸崖邊的樹》（1981 年）。

1990 年代，莫渝與七月派詩人群的孫佃、彭燕郊、綠原、牛漢、羅洛等位，有書信書刊交往。最多的是彭燕郊先生，從散文詩的偏愛，到譯詩集、譯詩刊及詩創作均涉獵互動。綠原、羅洛是名譯詩家的角色，稍晚知曉孫佃也是。牛漢則因任職出版社，及七月派角色。

晚近出版的《詩歌百年經典 1917-2015》（李朝全主編，中央編譯出版社，2016.01.每一首入選的詩都有點評。），選錄牛漢 3 首詩：〈華南虎〉、〈悼念一棵楓樹〉、〈鷹的誕生〉（頁 213-221）。約 1987 年，他的詩作〈詩集〉，11 行：「我喜歡有這樣一本詩集／詩一首一首像夜空的星星／望上去是璀璨的花叢或神秘的圖象

／幾千顆星星之間／相距遙遠而又遙遠／它們都有各自的軌道和
光芒／永遠不會靠近／更不會一個個因寂寞而凋謝／哦，只有博
大的空間和心胸／才能以容納這滿天的星星／和它們融成一個宇
宙的亮光」。頗有以詩自剖自白，「只有博大的空間和心胸」，
才有「一個宇宙的亮光」。從 1930 年代，跨越新世紀，牛漢的詩
創作也有「亮光」閃爍詩壇。

　　在牛漢的書刊裡，莫渝留有一片紙頁，記著「不沉的岸 —— 記
牛漢，2017.05.26.記」，當時即有意書記牛漢。唯拖延再三。本文
標題〈不沉的岸〉，選自 1985 年的詩〈遠去的帆影〉結尾「我永
遠比海高／我就是不沉的岸」。（《牛漢抒情詩選》，頁 215。）

2018.06.29.-121.30.

附註

註 1. 陳遠征著《中國現代的詩人與詩派》，長沙，湖南師範大學
　　　出版社，1994.06. 頁 375。

註 2. 同上書，頁 371。

註 3.《白色花：二十人集》，頁 1。

註 4.《白色花：二十人集》，頁 2。

註 5.《白色花：二十人集》，頁 3。

註 6.《白色花：二十人集》，頁 9。

註 7. 金欽俊著：《新詩三十年》，廣州：中山大學出版社，1991.05.。
　　　頁 136。

註 8. 網路資訊有敘牛漢父親為小學教師、小知識份子。牛漢回憶
　　　文章，似乎沒提到。僅說「二十年代中期，我父親在北京大
　　　學旁聽過……在家鄉實實在在種了七年地。他是個很不尋常
　　　的莊稼人。……他有一架書，其中有成套的《新青年》、《語

絲》、《創造》，還有裝幀別緻的《新月》。」見牛漢著《學詩手記》，頁4。

註9. 牛漢著《學詩手記》，頁8。

註10.劉揚烈著《詩神‧煉獄‧白色花》，頁278。

註11.牛漢著《學詩手記》，頁11。

註12.劉揚烈著《詩神‧煉獄‧白色花》，頁301。

註13.牛漢著《學詩手記》，頁19。

註14.這首〈夕陽〉，作者編排5行。選者將第3、4行併成1行，全詩4行。

註 15.王爾牌　流沙河編選《小詩百家點評》（重慶出版社，1991.02.），頁 112。

參考資料

牛漢詩集、文集

牛　漢：《海上蝴蝶》，中國：四川文藝出版社，1985.05.。

牛　漢：《牛漢抒情詩選》，中國西寧：青海人民出版社，1989.12.。

牛　漢：《學詩手記》，北京：生活‧讀書‧新知三聯書店，1986.12.。

牛　漢：《澕沱河和我》，廣州：花城出版社，1993..03.。

研究專書

綠原、牛漢編：《白色花：二十人集》，北京：人民文學出版社，1981.08.。

周良沛編：《七月詩選》，成都：四川人民出版社，1984.07.。

劉揚烈著：《詩神‧煉獄‧白色花 ── 七月詩派論稿》，北京：北京師範學院出版社，1991.11.。

周燕芬著：《執守‧反撥‧超越 ── 七月派史論》，北京：中華書局，2003.08.。

參考專書

金欽俊著：《新詩三十年》，廣州：中山大學出版社，1991.05.。
　　（金著新版書名改：《新詩研究》，1999.09.。）
李旦初著：《中國新詩流派》，太原：山西高校聯合出版社，1992.10.。
陳遠征著：《現代中國的詩人與詩派》，長沙：湖南師範大學出版
　　社，1994.06.。
張永健編：《中國當代抒情小詩五百首》，長江文藝出版社，1985.12.
吳奔星主編：《當代抒情詩拔萃》，灘江出版社，1987.02.。
王爾牌　流沙河編選：《小詩百家點評》，重慶出版社，1991.02.。

牛　漢　　　　　　　　牛漢筆跡（相片背面）

牛漢文集　　　　　　　牛漢詩集

胡風詩與評及相關書

胡風譯楊逵《送報伕》　　　七月派詩選及研究書刊

憂鬱的碎屑

──速寫黃永玉的詩文

有生命而無感情是不可能的。
我深愛這個世界，包括它的悲苦。（註1）。
──黃永玉

一、前　言

　　1980 年代後期，閱讀《太陽下的風景》乙書，略知作者黃永玉跟沈從文的關係：沈從文是黃永玉父親的表弟，黃永玉要叫沈從文「表叔」，也就是黃永玉在文章中經常稱呼的「從文表叔」，嚴格講「二表叔」。兩人年紀相差 22 歲，沈從文 1902 年出生，黃永玉 1924 年出生。在黃永玉學習木刻之途，沈從文曾給予若干啟示。戰後，兩個家庭在北京有過親近交往。因為這層關係，順此會留意黃永玉的其他書刊：《沿著塞納河到翡冷翠》、《書畫人生》等。

　　又因黃永玉、黃榮燦緣故，2015 年初（01.11.－02.08.）在台南吳園藝文中心展覽「從二二八到鄉土情：二二八前後訪台中國

木刻家的台灣印象」木刻版畫展覽，特別到台南參觀。對戰後初
期一批中國木刻畫家到台灣的活動有些粗淺認知；共展出黃榮
燦、劉崙、朱鳴岡、荒烟、王麥桿、黃永玉、邱陵、汪刃鋒、吳
忠翰、章西厓與麥非等十一位木刻家的木刻版畫近百幅。那個時
候二二八事件前，黃永玉在晚年的回憶文章〈往事模糊蘆花岸〉
及一些篇章表露，還談到舞蹈家蔡瑞月與雷石瑜（註2）。

　　作家黃裳為《沿著塞納河到翡冷翠》新版序，說：「永玉是
個『好弄』之人，木刻、繪畫、雕塑、造型藝術……之外，尤好
弄筆。散文、電影劇本、新詩、雜文……樣樣來得。」（註3）。
的確，黃永玉是知名的畫家、木刻家，卻不安分（註4）。「黃永
玉博學多識，詩書畫俱佳，在詩歌、小說、散文等領域的創作引
人注目；他以自己的獨特姿態，走着一條與其他文學家不同的途
徑，其文學表達風格獨特，在整體上呈多樣化勢態，……文學在
他的生命中可謂閃爍出另一種燦爛的光芒。」（註5）。

　　沈從文、台灣、常玉等，藉黃永玉的筆交織成顏彩繽紛的藝
文網。

二、黃永玉小傳

　　黃永玉，1924年7月9日出生在湖南省常德縣（今常德市鼎
城區），祖籍為湖南省鳳凰縣。土家族人（後文有艾青稱：一位
土家族詩人）。受過小學和不完整初中教育。12歲外出謀生，到
過安徽、福建山區小瓷作坊做童工。自學美術，少年時期即以出
色的木刻作品聞名畫壇，14歲發表作品，16歲開始以繪畫及木刻
謀生。由木刻開始藝術創作，後拓展至油畫、國畫、雕塑、工藝
設計等藝術。曾任小學教員、中學教員、家眾教育館員、劇團見

習美術隊員、報社編輯、電影編劇等。後來輾轉到上海、香港，二戰結束初到臺灣，二二八事件後旋即回香港。1950 年到北京，擔任北京中央美術學院教授，及中國美協副主席，中國文學藝術界聯合會第十屆榮譽委員等職。

　　2016 年湖南美術出版社出版《黃永玉全集》14 卷，分美術編（8 冊）、文學編（6 冊）兩大類。文學編的《詩歌卷》乙書計收錄 120 餘首詩作。

三、黃永玉和臺灣

　　二戰結束初期，漫畫家張正宇募尋兩位幫手到台灣編一部書刊《今日台灣》。黃永玉和陸志庠兩位參與。當時，在台灣相遇的藝文界人士，包括詩人雷石華、雷石榆，畫家戴英浪、朱鳴岡、麥非，木刻家荒烟、黃榮燦、陳庭詩……，也與台灣作家楊逵、畫家楊三郎、藍蔭鼎結識。黃永玉說：「這一段時期我刻了許多有關台灣生活的木刻，可惜為木刻創作的牽絆，失掉許多作畫的機會。台灣那麼美，風俗那麼淳樸，離開它實在惋惜。」（註6）。

　　因為「二二八事件」，黃永玉匆忙離開台灣，回香港。原計劃的大型風景書刊《今日台灣》，包括攝影與繪畫，後來沒有下文，成未竟之書（註7）。

四、黃永玉的文

　　黃裳說黃永玉「在我的私見，他的畫外功夫，以散文為第一。」（註8），黃永玉自言：「我喜歡回顧。寫東西，畫東西，不是回顧生活便是回顧知識、經驗，那是很有意思的事」（註9）。

　　黃永玉的散文，憶舊、記事、懷人、旅遊書寫居多。類似日本畫家東山魁夷（1908～1999）。黃永玉的散文，或許沒有東山魁夷的廣博豐厚抒情，但敘事強，是畫家交遊旅遊的生活點滴記錄。試摘數則。

　　翡冷翠有一座老橋，在 14 世紀因大水沖毀，由木橋改建成石橋，迄今。黃永玉說「每天從早到晚都擠滿了遊客。為了翡冷翠，為了這座橋，全世紀紳士淑女、流氓阿飛務必都要到這兒來站一站，照張相」（註 10），這只是開場白，底下的文字才是永玉風：「在老橋上散步，是在體會和享受一種特殊的情調。古橋上，蜂擁著詩意滿面的現代人。人可以從不作詩甚至從不讀詩，到某種時候，居然臉上會出現詩的感應。歷史悠久的橋上或是好山水間，人的善良願望找到了歸宿。再惡的人也遊山玩水，油然而生詩情時，也會來兩句詩。」（註 11）。

　　懷人部份，先看他對幾位前輩文人學者的看法。「生命力強大能熬過來的先生也有，如沈從文、錢鍾書、朱光潛先生，雖然高壽是個原因，但起碼也包含一種『苟存』的歷史機會罷！以至能享受到一點太平年月顯示正常顏色的權利。」（註 12）。

1.黃永玉記陳敬容

　　二戰結束後，在上海，黃永玉認識女詩人陳敬容與夫婿蔣天佐。「我們住得不遠，她還到我家來過，我當年為她的一首詩〈邏輯病者的春天〉刻過一幅抽象得很的木刻插圖。（這幅木刻幾十年來是我資產階級藝術思想的靶子，是我的包袱，一挨批評總少不了提起它；不過至今看來，事隔 49 年，我覺得這幅作品還真了得！一個 22 歲人的手藝！」（註 13），有感歎也驚豔。木刻插圖後，黃永玉到台灣，因「二二八事件」回香港，又與陳蔣相逢。

2.黃永玉記常玉

　　畫家常玉（1895～1966）1920 年代到巴黎學習藝術。曾經風光，四川老家家道沒落後，無法繼續供需，遂潦倒巴黎。他的同鄉黃季陸（1889～1985）擔任台灣教育部長（1961～1965）時，於 1960 年代初到巴黎方訪問，拜訪常玉，提供經費，希望常玉畫作送到台灣展覽，藉此改善生活。常玉遂寄出四十餘件作品到台灣，人卻因故沒出席畫展，未久往生花都。在台灣的常玉作品目前為歷史博物館珍藏，且在 2017 年舉辦第二次常玉展「相思巴黎」（03.11—07.02.）。黃永玉記常玉的短文，是 1950 年代中國文化藝術團到巴黎。他回憶：「常玉很老了，一個人住在很高的樓房的頂樓。一年賣三兩張小畫，勉強地維持著生活。他只是需要這種多年形成的無牽無掛運行的時光。他自由自在，僅此而已。」（註 14），接著描敘有人約請回國講學，被婉拒，算小插曲。

3.黃永玉記布德爾

　　2005 年 2 月高雄美術館開館展「布爾代勒雕塑」。布爾代勒（Antoine Bourdelle,1861～1929）是羅丹(Auguste Rodin ,1840～1917）的學生及助手。展覽期間，有人發起「留下大師之美」，最後，由民間集資六百多萬元留下布爾代勒《大戰士》青銅作品，約 180 公分，展現英勇武士的力量與雄偉氣勢。成為高雄美術館鎮館之寶。布爾代勒即黃永玉筆下的布德爾。黃永玉在巴黎，見到布德爾作品的紀念碑，「多少年來我一直景仰的雕塑家。……我是一個布德爾迷毫無疑義。」（註 15），隨後他不忘追憶追記啟蒙他認識布德爾的雕塑家鄭可。

五、黃永玉的詩

　　前述引黃裳說黃永玉「在我的私見，他的畫外功夫，以散文為第一。」，那「詩」排老幾？至少在第 3 順位吧。

　　詩集《曾經有過那種時候》計 30 篇作品，於 1982 年榮獲「第一屆全國優秀新詩（詩集）獎」。《我的心，只有我的心》由艾青撰序，收 28 首詩；詩畫集《一路唱回故鄉》有 55 首詩 55 幅畫。

　　艾青為黃永玉詩集《我的心，只有我的心》序言的標題〈一位土家族詩人的機智〉。這裡的機智，有兩層意義：做人處事的機智和詩裡隱藏的機智。艾青年輕時學畫（留學巴黎為了當畫家），卻成了大詩人；黃永玉一輩子的傑出畫家，兼詩人身分。文革結束後，1979 年，黃永玉託人送一疊詩稿，請艾青插畫。艾青說：「讓黃永玉的詩和我的插圖發表時，會使讀者陷入迷惑，認為排印工人排錯了。」繼續，艾青說：「永玉寫的詩，我讀了一些。他的詩，自成風格。他所採用的是現代口語，形式比較自由，常以奇特的構思見長。」（註 16），「奇特的構思」，等於「充分表現了他的幽默，機智」（註 17）。順此，試以〈秦問—— 過始皇陵〉乙詩為證。秦始皇焚書坑儒，眾人皆知。詩起筆：「人說知識分子是種籽，／這不過是個比方，／你，卻真的把我們坑了。」又，「說你是一位辛勤的園丁，／可你口口聲聲仇恨花朵，／說你不是一位辛勤的園丁，／你卻在土地上作死亡的耕耘。」節錄這兩段詩句，輕淡的描敘，輕淡的幽默，輕淡的諷刺，卻是筆力充沛的機智，與有點無奈的機智。

張五常說黃永玉有「不馴的美德」（註 18）。不馴，大概也算永玉自言「國民黨說我是共產黨；共產黨說我是國民黨」（註 19）。對政治的不馴，才能在半拘束情況以詩調侃，寫下〈右派殺手〉：

右派殺手　　　　黃永玉

你可以說是「一個右派」，
可以說是「一個右派寫的詩」，
但，
你永遠不能說
那是一條右派的河，
　　　一座右派的林子，
　　　一個右派的天。
你，當然沒有膽子說：
那是右派的人民，和
右派的祖國。
你指手畫腳地指責
這個背叛，
那個背叛，
都壞，都「右」。
天底下就你一個好人。
你個狗日的政治太監。

中共建國後，幾次的鬥爭至文化大革命，將近四分之一世紀，標榜左派者，破壞國家者皆右派分子。一旦套上「右派分子」，難得翻身。任何敵人都右派，都是敵對，都要剷除。殺手，職業殺手，通常因錢財受僱於人，也有身負政治因素。黃永玉在台灣

時，碰到「二二八事件」，他回顧「這時彭孟緝要抓我，以為我是共產黨；倒是真的共產黨幫我逃離台灣。」（註 20），中共文化大革命期間，他說「我被指為國民黨，讓我站在長板凳上彎腰兩三個小時，大冷天滴得地板上一灘汗。」（註 21）。此詩〈右派殺手〉直指掌權者的私欲及偏離正義。

路

近的，遠的路，
面前的和遙遠的路，
一輩子走不完的路，
稔熟和陌生的路，
繁花和荊棘編成的路，
寬坦和崎嶇的路……
鳥，在天上
管什麼人踩出的意義！

美國惠特曼（1819～1992）的〈大路之歌〉是氣勢磅礴的長詩，黃永玉這首〈路〉詩，輕簡短小；8 行詩句傳達兩組意思：前6 行寫實地記錄「路」的多種面相，後 2 行藉高瞻遠矚的「飛鳥」，甩開既有的架構。鳥飛，自由自在，不受「路線」、「路程」的約束。也看得出畫家黃永玉的閒散不拘。

黃永玉是畫家、詩人，骨子裡應有唯美傾向。中國新詩人中，邵洵美（1906-1968）稱得上唯美詩人。黃永玉寫了一首短詩獻給洵美：

像文化那樣憂傷

── 獻給邵洵美先生

下雨的石板路上，
誰踩碎一隻蝴蝶？
再也撿拾不起的斑斕 ──
生命的殘渣緊咬我的心。
告訴我，
那狠心的腳走在哪裡了？
不敢想
　　另一隻在家等它的蝴蝶 ──

　　顏彩美麗鮮豔的蝴蝶收受傷，遭天災（雨水）人禍（踩碎），
失去斑斕，生命才殘損，無法返家晤伴。詩人悼念現實的蝴蝶，
實則為「文化」感傷哀慟。文化如蝴蝶，好看卻易碎。邵洵美早
年詩酒朋儕，與徐志摩、郁達夫、林語堂、沈從文等人過從甚密，
他的名詩〈花一般的罪惡〉，是詩集名，衍自波德萊爾詩集《惡
之花》，莫渝較偏愛他的短詩〈莎弗〉：

莎　弗　　　邵洵美

你這從花床中醒來的香氣，
也像那處女的明月般裸體 ──
我又見你包著火血的肌膚，
你卻像玫瑰般開在我心裡。

　　莎茀，是古希臘著名女詩人，有唯美傾向，也具同性戀女子
的代稱。在這四行小詩，邵洵美有禮贊，同時自我投射。

　　《一路唱回故鄉》乙書是詩畫集，55 首詩，55 幅畫；部分詩
作還有筆跡稿，印刷版的字體為簡體字，筆跡稿則有繁體字。1950
年之前，黃永玉有 25 年四分之一世紀中華民國的教育歲月，繁體
字是永玉文字的早期階段。詩集最後一首〈回夢〉為例，簡繁同
列，且兩者內文文字微微有異，彷彿初稿定稿並置，供盧讀者比
較參考。

回　夢（印刷版）

　　夢，讓我淚流滿面，
　　我知道，夢的盡頭是醒。
　　如果，夢可以切成碎塊，
　　將撒出漫天繁星。
　　你可在夢中做夢？
　　「醒來」如華羽般輕盈，
　　細心在澗邊洗我的夢，
　　以便醒來亭亭。

迴　夢（筆跡版）

　　夢讓我淚流滿面，
　　可曾知的盡頭是醒？
　　如果夢可以切成碎塊，

撒出漫天繁星。

你在夢中做夢嗎？

「醒來」有翅膀的輕盈，

細心在澗邊洗我的夢，

以便醒來亭亭。

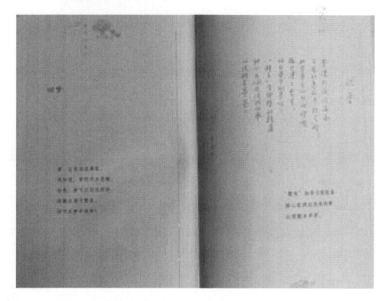

六、結　語

　　黃永玉的詩出現中國新詩界，大概在文革結束後的新時期階段。他的詩，較少被討論及選入一般選集。

　　從最初認知黃永玉和沈從文的關係，繼續蜻蜓點水似的閱讀他的文章，談畫家、談台灣，談旅遊。2018 夏，在詩畫集《一路

唱回故鄉》讀到〈右派殺手〉溫柔的諷刺，決定整理閱讀筆記，
挑些偏愛之作，寫出心得，完成此文。　　　　　　2018.10.25.

註

註 1.《這些憂鬱的碎屑》頁 302。原文標題〈此序與畫無關〉。

註 2.《這些憂鬱的碎屑》頁 270。原文標題〈往事模糊蘆花岸〉。

註 3.《沿著塞納河到翡冷翠》頁 1。

註 4. 黃永玉自言：「像我這樣不安分的人，東奔西跑沒個定數，」摘錄
　　　《這些憂鬱的碎屑》頁 233。原文標題〈不用眼淚哭〉。

註 5.《 黃 永 玉 全 集 ： 文 與 畫 》 簡 介
　　　http://www.sanmin.com.tw/product/index/006122778

註 6.《這些憂鬱的碎屑》頁 131。原文標題〈速寫因緣〉。

註 7.《這些憂鬱的碎屑》頁 234。原文標題〈不用眼淚哭〉。

註 8.《沿著塞納河到翡冷翠》頁 1-2。

註 9.《這些憂鬱的碎屑》頁 296。原文標題〈此序與畫無關〉。

註 10.《沿著塞納河到翡冷翠》頁 162-3。原文標題〈婀娜河上的美麗項
　　　鏈〉。

註 11.《沿著塞納河到翡冷翠》頁 165。原文標題〈婀娜河上的美麗項鏈〉。

註 12.《這些憂鬱的碎屑》頁 300。原文標題〈此序與畫無關〉。

註 13.《這些憂鬱的碎屑》頁 267。原文標題〈往事模糊蘆花岸〉。

註 14.《沿著塞納河到翡冷翠》頁 10-125。原文標題〈是畫家的搖籃還是
　　　蜜罐〉。

註 15.《沿著塞納河到翡冷翠》頁 30-35。原文標題〈憶雕塑家鄭可〉。

註 16. 艾青〈一位土家族詩人的機智〉，收進《我的心，只有我的心》頁
　　　1。

註 17. 同上註，頁 11。

註 18.《沿著塞納河到翡冷翠》頁 126。原文標題〈教訓的回顧〉。

註 19.《這些憂鬱的碎屑》頁 233。原文標題〈不用眼淚哭〉。

註 20.《這些憂鬱的碎屑》頁 271。原文標題〈往事模糊蘆花岸〉。

註 21. 同上註。

參考資料

詩集

黃永玉：《曾經有過那種時候》，中國：江蘇人民出版社，1981。

黃永玉：《我的心，只有我的心》，中國：四川文藝出版社，1986。

詩畫集

黃永玉：《一路唱回故鄉》，中國：（北京）作家出版社，2006。

散文集

黃永玉：《太陽下的風景》，香港：生活‧讀書‧新知三聯書店，
　　1983。

黃永玉：《這些憂鬱的碎屑》，北京：生活‧讀書‧新知三聯書店，
　　1998。

黃永玉：《書畫人生》，香港：天地圖書公司，2002。

文與繪

黃永玉：《沿著塞納河到翡冷翠》，北京：作家出版社，2006。

詩人黃永玉

黃永玉文集

展覽 DM　黃永玉正面背面　　　　詩集《一路唱回故鄉》
藏書票

詩畫集《一路唱回故鄉》

詩集《曾經有過那種時候》　　　　詩集《我的心，只有我的心》

後　　記

　　閱讀中國新詩和古典詩，同樣都是個人文學寫作的營養。

　　古典詩無禁忌的從小自修。新詩的粗淺認知，大約在 1960 年代中期，看閱借得文藝函授學校講義覃子豪、紀弦編的「新詩選讀」。後來，瘂弦在《創世紀》詩刊、趙天儀在《笠》詩刊分別刊載中國新詩史料或鉤沉；稍後，周伯乃的《中國新詩之回顧》（1969.09.）、葛賢寧、上官予的《五十年來中國新詩》（1965.03.）、王志健（上官予）的《現代中國詩史》（1975.12.）、龔顯榮的《廿卅年代新詩論集》（1982.08.）等幾本書，都提供較多資訊。

　　1980 年代中期，透過香港，大量購得中國出版書刊，包括：1.譯詩選集，2.兒童文學、兒童詩，3.現代文學、新詩，4.文學、文藝大系等。還手抄借得的資料，包括陳敬容〈力的前奏〉等。1989 年夏，天安門六四事件後，隨朋友到上海、北京，拜訪文人錢春綺、施蟄存、盛成等。由錢春綺引介更多人士，也跟詩人作家出版社編輯書信交流。這期間，撰寫「中國譯詩選集介紹及詩人介紹」（登載《笠》詩刊），陸續完成《現代譯詩名家鳥瞰》（1993.04.）、《神奇的窗戶：中國兒童詩歌賞析》（1999.04.）。似乎沒有為詩人寫評定位的念頭。

　　2014 年參與《華文現代詩》的編委作業。2017 年 6 月 7 日（三）被約請出席「小雅：從爛縵胡同走出來的《小雅》詩刊及詩人」

（地點：遠景飛頁書房），初識吳奔星公子吳心海及《小雅》詩刊復刻版的歷程。開始動心起念撰寫「中國詩人小論」。首篇〈常綠的喬木 —— 吳奔星初論〉刊登《華文現代詩》第 14 期，陸續發表至第 24 期，中間停了 21、22 兩次，連同刊登《華文現代詩》第 10 期（2016.08.20.）的隨感短文〈喟嘆或吶喊 —— 兼馮至十四行詩小記〉，再加上先前完稿的徐志摩、戴望舒等文，組成本書。

　　當初，寫這些文稿，手邊書籍零散，有的已忘記置放何處或散失。慢慢集中，越覺得還有更想進一步研讀的詩人。然，會否繼續，不敢預料。先交稿此書，請朋友們指正。感謝文史哲出版社彭正雄先生的熱心，撰寫過程，一再鼓勵，銘感於心。

　　這些長短文，較偏愛的可能是于賡虞、邵洵美和穆木天，一方面偏愛（波德萊爾的影子），另一方面他們稍被忽略。

　　除了新詩書刊，中國文學詩詞也稍涉獵。文學史的名著外，有幾本早年喜歡常讀珍藏的書，都是香港印製的，記此存念：《中國詩歌發展史》（梁石著，香港頌文出版社，1962.02.）、《中國詩詞演進史》（嵇哲著，香港光僑出版社，1954.09.）、《中國文學簡史》上下冊（許復琴著，香港廣通印務公司，1955.09.）、《中國詩人新論》（王世昭著，香港新世紀出版社，1953.06.）、《中國文人新論》（王世昭著，香港新世紀出版社，1953.10.）以及臺灣出版李辰冬的《文學新論》《文學與生活》各兩冊。

2020.08.04.